La mia trattoria

SALATE

INSALATA

übersetzt von Inge Uffelmann

Der Text dieses Buches entspricht den Regeln der neuen deutschen Rechtschreibung.

Redaktionelle Leitung: Cristina Cappa Legora
Redaktionelle Koordination: Valeria Camaschella
Übersetzung: Inge Uffelmann, Bayreuth
Redaktion: René Zey (Frechen) und Evelyn Langhans (Köln)
Herstellung: Königsdorfer Medienhaus, Frechen

Satz: Königsdorfer Medienhaus, Frechen

453 6271

02 01 00 99

Inhalt

Bedeutung der Abkürzungen

dl = Deziliter (1/10 Liter)
EL = Esslöffel
g = Gramm
l = Liter
kg = Kilogramm
Msp. = Messerspitze
n. B. = nach Bedarf
TK = Tiefkühlware
TL = Teelöffel
1 Tasse = 1/8 Liter

Vorwort

Kochen ist eine Notwendigkeit und ein Vergnügen, und es macht umso mehr Spaß, wenn man versucht, mit neuen Zutaten und neuen Kochmethoden traditionelle Gerichte zu variieren und neu zu erfinden.
Aus dem Gedanken heraus, dass Kochen ein vergnüglicher Zeitvertreib sein sollte, entstand diese aus mehreren Bänden bestehende Serie von Kochbüchern. Sie stellt traditionelle Gerichte vor, die durch pfiffige Einfälle und kleine fantasievolle Ergänzungen in appetitanregende Neuheiten verwandelt werden.

Im vorliegenden Band finden Sie einige Hilfen, die Ihnen die Arbeit erleichtern und die Sie befähigen sollen, ohne Zeitverlust gute Ergebnisse zu erzielen. Die jedem Rezept beigefügten Farbabbildungen geben einen ersten Eindruck, so dass Sie sofort ein passendes Rezept wählen können, ohne lange die Beschreibungen studieren zu müssen.
Die Rezepte sind funktional als Schritt-für-Schritt-Anweisung aufgebaut, die Zutaten sind gut sichtbar in einer separaten Spalte aufgelistet. Eine kleine Tabelle informiert über die Vorbereitungs- und Garzeit sowie über die benötigten Utensilien. Die Anleitungen zur Zubereitung der Gerichte sind klar und detailliert verfasst und durch die Einteilung in nummerierte Einzelschritte sehr übersichtlich gehalten.
Darüber hinaus werden zu jedem Rezept zwei passende Weine empfohlen. Es versteht sich, dass es sich dabei nur um einen Rat handelt, denn in Sachen Wein gibt immer der persönliche Geschmack den letzten Ausschlag. Alle vorgeschlagenen Weine gehören zur Kategorie der DOC-Weine (Denominazione di origine controllata), sind also Qualitätsweine mit kontrollierter Ursprungsbezeichnung. Selbstverständlich wird zu jedem Wein auch die optimale Trinktemperatur angegeben.

SAIVO

Darüber hinaus findet sich unter jedem Rezept ein nützlicher Tipp, der das Rezept selbst betrifft. Mal wird beschrieben, wie ein Rezept durch andere Zutaten variiert werden kann, ein andermal wird dargelegt, was man bei der Zubereitung beachten sollte (zum Beispiel, wie man verhindert, dass Ravioli beim Kochen aufplatzen).
Obendrein findet sich bei jedem Rezept die Rubrik »Wissenswertes« – interessante Notizen zu einer Zutat des Rezepts, historische, wissenschaftliche, dietätische oder andere Anmerkungen, die die reine Kochanleitung um interessante Fakten bereichern.

Dieser den Salaten gewidmete Band ist reich an aufregenden Zubereitungen, deren Spektrum von ganz einfachen bis zu raffinierten Salaten reicht. Die Rezepte sind nach dem jahreszeitlichen Angebot frischer Zutaten geordnet. Demzufolge teilt sich der Band in Salate für Frühjahr und Sommer, Salate für Herbst und Winter und einen dritten Teil mit Salaten für alle Jahreszeiten.

Salate für Frühling und Sommer

Insalata di fagioli sfiziosa

Appetitlicher Bohnensalat

ZUTATEN

für 4 Portionen

300 g getrocknete weiße Bohnen
4 Blatt Kopfsalat
2 Knoblauchzehen
1 Bund Petersilie
3 Zwiebeln
3 EL Olivenöl extra vergine
2 EL Zitronensaft
Salz und Pfeffer n. B.

BENÖTIGTE UTENSILIEN

1 Topf
1 kleine Schüssel
1 Salatschüssel

Einweichzeit	12 Std.
Vorbereitungszeit	20 Min.
Garzeit	2 Std.

WISSENSWERTES

In der Küche der frühen amerikanischen Pioniere – der Trecker und Cowboys – spielten getrocknete Bohnen als lange haltbares, gesundes und nährstoffreiches Nahrungsmittel eine wichtige Rolle.

EMPFOHLENE WEINE

Oltrepò Pavese Riesling Italico (Lombardei) bei 10 °C
Colli Bolognesi Pignoletto (Emilia-Romagna) bei 10 °C

❖

1 Die Bohnen 12 Stunden (oder über Nacht) in klarem, kaltem Wasser einweichen, dann im Einweichwasser zum Kochen bringen und etwa 2 Stunden bei schwacher Hitze garen. Abgießen und auf Zimmertemperatur abkühlen lassen.

2 Die Salatschüssel mit den gewaschenen Salatblättern auslegen. Die Bohnen mit dem durchgepressten Knoblauch, der gehackten Petersilie und den in feine Ringe geschnittenen Zwiebeln vermischen und in die Schüssel geben.

3 Aus Öl, Zitronensaft, Salz und Pfeffer mit einer Gabel oder dem Elektroquirl eine Sauce aufschlagen und über die Bohnen gießen. Vorsichtig durchmischen und zu Tisch bringen.

NÜTZLICHE TIPPS

Man kann für diesen Salat auch bereits gekochte weiße Bohnen aus der Dose verwenden. Vorsicht beim Vermischen des Salats: Die Bohnen aus der Dose sind oft sehr weich und zerfallen leicht. Wünscht man den Salat reichhaltiger, kann man außerdem 125 g Thunfisch aus der Dose zugeben.

Insalata alla piemontese

Piemontesischer Salat

EMPFOHLENE WEINE

Dolcetto di Dogliani (Piemont) bei 16 °C

San Martino della Battaglia (Venetien) bei 10 °C

❖

1 Die Kartoffeln waschen und in einem großen Topf mit Wasser bedeckt etwa 30 Minuten in der Schale kochen lassen.

2 In der Zwischenzeit die Paprika putzen, waschen, Kerne und weiße Innenhäutchen entfernen und das Fruchtfleisch in schmale Streifen schneiden. Die Sardellenfilets kurz wässern, dann abtupfen und klein schneiden.

3 Die gekochten Kartoffeln abgießen, pellen und in Scheiben schneiden. Die Scheiben auf eine Servierplatte geben und Paprika und Sardellen darüber verteilen.

4 In einer kleinen Schüssel Zitronensaft und Salz mischen. Pfeffer zugeben, dann das Öl einlaufen lassen und dabei tüchtig mit einer Gabel oder einem Schneebesen schlagen. Die Sauce über die Kartoffeln gießen, die Petersilie darüber streuen und zu Tisch bringen.

NÜTZLICHE TIPPS

Sollten noch Pellkartoffeln übrig geblieben sein, kann man sie in dickere Scheiben geschnitten in der Pfanne kross braten. Gesalzen passen sie gut zu grünem Salat und Fleisch. In Italien brät man sie auch mit Butterschmalz auf, gibt Zimt und Zucker darüber und serviert sie zu Kompott.

ZUTATEN

für 4 Portionen

500 g Salatkartoffeln
150 g rote und/oder gelbe Paprikaschoten
5 Sardellenfilets
2 EL Zitronensaft
Salz und Pfeffer n. B.
4 EL Olivenöl extra vergine
1 Bund Petersilie, gehackt

BENÖTIGTE UTENSILIEN

1 Topf
1 kleine Schüssel
1 Servierplatte

Vorbereitungszeit	15 Min.
Garzeit	30 Min

WISSENSWERTES

Wer dem Unkraut im heimischen Garten zu Leibe rücken will und dabei auf chemische Mittel verzichten möchte, sollte das Kochwasser von Kartoffeln mit einer Hand voll Salz verrühren und über das Unkraut gießen.

Insalata di peperoni

Salat von grünen Paprika

ZUTATEN

für 4 Portionen

6 grüne Paprikaschoten

Salz n. B.

2 EL schwarze Oliven

1 EL Kapern

2 EL Dijonsenf

1 knapper TL Zucker

2 EL Apfelessig

1 dl Olivenöl extra vergine

BENÖTIGTE UTENSILIEN

1 Topf

1 kleine Schüssel

1 Salatschüssel

Vorbereitungszeit	20 Min.
Garzeit	20 Min.
Standzeit	2 Std.

WISSENSWERTES

Speisesenf wird im Deutschen auch Mostrich genannt, weil die zu Pulver zermahlenen Samen der Senfpflanze früher häufig mit eingedampftem Most zur Senfpaste verarbeitet wurden. Heute verwendet man dafür meist Essig. Vom lokalen Geschmack hängt es ab, ob dem Senf außer Mehl zur Bindung verschiedene Gewürze beigemengt werden.

EMPFOHLENE WEINE

Colline di Levanto novello (Ligurien) bei 14 °C

Bolgheri Vermentino (Toskana) bei 10 °C

❖

1 Die Paprika waschen, vierteln und Kerne sowie weiße Innenhäutchen entfernen. In einem Topf leicht gesalzenes Wasser zum Kochen bringen, die Paprika hineingeben und 15 Minuten kochen lassen.

2 Das Wasser abgießen, die Paprika etwas abkühlen lassen, schälen und für 1 Stunde in den Kühlschrank stellen. Inzwischen die Oliven entsteinen, halbieren oder vierteln und die Kapern abtropfen lassen. In einer Schüssel den Senf mit dem Zucker verrühren, salzen, Essig zugeben und anschließend unter ständigem Rühren das Öl in dünnem Faden in die Mischung einlaufen lassen.

3 Die Paprika aus dem Kühlschrank nehmen, in eine Salatschüssel geben, die Senfsauce darüber gießen, Oliven und Kapern darauf verteilen, nochmals 2 Stunden ziehen lassen und dann servieren.

NÜTZLICHE TIPPS

Statt des Senfs kann man Paprika- oder Tomatenmark aus der Tube verwenden. Je nach Geschmack kann man auch eine bunte Mischung aus roten, grünen und gelben Paprika zusammenstellen. Anstelle der schwarzen kann man auch grüne Oliven und feine Streifen von getrockneten Tomaten verwenden.

Insalata siciliana

Sizilianischer Salat

ZUTATEN

für 4 Portionen

1 Salatgurke
1 rote Zwiebel
2 große, feste Tomaten
Salz und Pfeffer n. B.
getrockneter Oregano n. B.
1 scharfe Chilischote
2 EL Olivenöl extra vergine

BENÖTIGTE UTENSILIEN

1 Servierplatte

Zubereitungszeit	15 Min.
Standzeit	1 Std.

WISSENSWERTES

Bereits die alten Ägypter schätzten die Gurke als erfrischendes und gesundes Nahrungsmittel, das sie roh oder in Salz eingelegt genossen. Später wurde die Gurke von den Römern begeistert übernommen.

EMPFOHLENE WEINE

Santa Margherita di Belice Catarratta (Sizilien) bei 10 °C
Gioia del Colle bianco (Apulien) bei 10 °C

❖

1 Die Gurke waschen und streifig schälen, sodass breite Streifen der Schale stehen bleiben. Die Gurke anschließend in nicht zu dünne Scheiben schneiden. Die Zwiebel pellen, ebenfalls in Scheiben schneiden und darauf achten, dass sie nicht in Ringe zerfällt. Die Tomaten waschen und achteln.

2 Die Gemüse dekorativ auf einem Servierteller anrichten, salzen und pfeffern und den Oregano darüber streuen. Die Chilischote waschen, aufschlitzen und die Kerne herauskratzen. Das Fruchtfleisch winzig klein schneiden und über die Gemüse geben. Zuletzt einen Faden Öl über die Mischung laufen lassen.

3 Den Salat 1 Stunde ruhen lassen und ihn dann – garniert mit einem Zweig krauser Petersilie oder anderem frischem Grün – zu Tisch bringen.

NÜTZLICHE TIPPS

Man kann diesen frischen, leichten Salat zusätzlich mit Sardellenfilets, Kapern und Knoblauch anreichern. Anstatt der meist etwas schärferen roten Zwiebel kann man weiße Zwiebeln nehmen; bei den Tomaten sollte man eine rote und eine gelbe wählen.

Carciofi e asparagi al sidro

Artischocken und Spargel in Apfelwein

ZUTATEN

für 4 Portionen

400 g grüner Spargel
3 Tomaten
8 Artischockenherzen (Glas oder Dose)
1 Schalotte
40 g roher Schinken,
in Scheiben geschnitten
1 Zweig Basilikum
3 EL Olivenöl extra vergine
1 Glas Apfelwein
Salz und Pfeffer n. B.

BENÖTIGTE UTENSILIEN

1 Topf
1 Pfanne
1 Servierplatte

Vorbereitungszeit	20 Min.
Garzeit	8–10 Min.

WISSENSWERTES

Apfelwein – in Frankreich »Cidre« genannt – ist ein erfrischendes, moussierendes Getränk mit geringem Alkoholgehalt. Der französische Cidre ist meist süßer als der vor allem in Hessen beliebte und dort recht herbe Apfelwein.

EMPFOHLENE WEINE

Freisa di Chieri (Piemont) bei 16 °C

San Martino della Battaglia (Venetien) bei 10 °C

❖

1 Den Spargel waschen und putzen, in 4–5 cm lange Stücke schneiden und über Dampf etwa 8 Minuten garen, dann abkühlen lassen. Die Tomaten mit kochendem Wasser überbrühen, die Haut abziehen, das Fruchtfleisch ohne die Kerne in Würfel schneiden.

2 Die Artischockenherzen abtropfen lassen und vierteln. Die Schalotte pellen und fein hacken. Den Schinken in kleine Streifen schneiden, das Basilikum waschen, trocken tupfen und die Blätter grob zerzupfen.

3 Öl in einer kleinen Pfanne erhitzen, die Schalotte darin angehen lassen, ohne sie zu bräunen, den Schinken zugeben und kurz anbraten, dann den Apfelwein angießen. Die Flüssigkeit unter lebhaftem Kochen um die Hälfte reduzieren, Spargel und Artischocken zugeben und beides heiß werden lassen. Die Tomaten und das Basilikum zufügen, salzen und pfeffern, auf eine Servierplatte umfüllen und warm zu Tisch bringen.

NÜTZLICHE TIPPS

Grüner Spargel muss nicht geschält werden; es genügt, wenn man die holzigen unteren Teile abschneidet. Da die Köpfe rascher weich werden als die restliche Spargelstange, sollte man sie nur etwa 5 Minuten garen.

Insalata di pesce

Fischsalat

ZUTATEN

für 4 Portionen

250 g Anglerfisch, filetiert
250 g Flunder, filetiert
1 gelbes Salatherz
100 g Feldsalat
Salz n. B.
1 EL Zitronensaft
4 EL Olivenöl extra vergine
grob zerstoßene weiße Pfefferkörner n. B.
Fenchelgrün n. B.

BENÖTIGTE UTENSILIEN

1 Topf mit Dampfeinsatz
1 Schüssel
4 Salatteller

Vorbereitungszeit	15 Min.
Garzeit	10 Min.

WISSENSWERTES

Der Anglerfisch ist ein essbarer Seefisch, der seinen Namen von einem köderförmigen Anhängsel am Kopf hat, mit dem er seine Beute anlockt. Die Flunder ist ein kleiner Plattfisch, der in den Nordmeeren heimisch ist.

EMPFOHLENE WEINE

Lugana (Lombardei) bei 10 °C
Trebbiano di Romagna bei 10 °C

❖

1 Die Fischfilets in mundgerechte Stücke teilen. Etwas Wasser in einem Topf zum Kochen bringen und anschließend den Dampfeinsatz darüber setzen. Zunächst den Anglerfisch und nach 1 Minute die Flunder einlegen; beide Fische gemeinsam weitere 5 Minuten garen lassen. Die Fische aus dem Dampf nehmen und abkühlen lassen.

2 Inzwischen den Salat putzen und zerpflücken. Die gelben und grünen Blätter dekorativ auf 4 Teller verteilen, dann die gegarten Fische darauf legen.

3 In einer Schüssel etwas Salz in Zitronensaft lösen, dann unter Schlagen mit einem kleinen Schneebesen oder einer Gabel das Öl in dünnem Faden einlaufen lassen. Die Sauce über den Fisch träufeln und mit Pfeffer bestreut sowie mit Fenchelgrün dekoriert zu Tisch bringen.

NÜTZLICHE TIPPS

Statt Anglerfisch und Flunder kann man andere frische oder aufgetaute tiefgekühlte Seefische und/oder Plattfische mit festem, weißem Fleisch verwenden. Den Feldsalat kann man durch Rucola ersetzen, statt des Fenchelgrüns kann man Dill zum Garnieren des Salats nehmen.

Insalata con roastbeef

Salat mit Roastbeef

ZUTATEN
für 4 Portionen

1 kleiner Kopfsalat
1 Bund Brunnenkresse
1 Chicorée
2 Tomaten
2 Schalotten
10 Walnusskerne
400 g Roastbeef, in Scheiben geschnitten
1 TL Senf
2 EL Weißweinessig
Salz und Pfeffer n. B.
4 EL Olivenöl extra vergine

BENÖTIGTE UTENSILIEN
1 Salatschüssel

Zubereitungszeit	20 Min.

EMPFOHLENE WEINE
Oltrepò Pavese Riesling Renano (Lombardei) bei 10 °C
Orvieto Classico (Umbrien) bei 10 °C

❖

1 Die Salate verlesen, putzen und waschen. Kopfsalat und Brunnenkresse zerzupfen. Den Chicorée in Ringe und das Fruchtfleisch der Tomate (ohne Kerne) in Streifen schneiden. Die Schalotten pellen und klein schneiden, die Walnüsse hacken, das Roastbeef in Streifen schneiden.

2 In einer Salatschüssel Senf und Weißweinessig verrühren, salzen und pfeffern. Während man die Mischung mit einer Gabel oder einem Schneebesen schlägt, das Öl in einem Faden einlaufen lassen. Die vorbereiteten Salate und Zutaten in die Vinaigrette geben, gut durchmischen, 5 Minuten ruhen lassen und zu Tisch bringen.

WISSENSWERTES

Einer Legende zufolge hat man einst in Italien schwache Neugeborene in den ersten Lebenstagen in warmem Wasser gebadet, dem ein kleiner Löffel Senf zugesetzt war. Man vermutete, dass die Babys auf diese Art gestärkt würden.

NÜTZLICHE TIPPS

Blattsalate soll man immer erst kurz vor dem Verzehr waschen und sofort auf einem Sieb gut abtropfen lassen. Salate niemals im Wasser liegen lassen – das spült die Vitamine aus. Wer oft grüne Salate isst, sollte eine Salatschleuder kaufen: Mit ihr lässt sich der gewaschene Salat schnell trocknen. Je nasser der Salat, desto mehr verwässert die Sauce.

Insalata d'estate

Sommersalat

ZUTATEN

für 4 Portionen

1 Kopfsalat
1 Bund Radieschen
3 kleine, feste Tomaten
oder 6 Kirschtomaten
1 TL Senf
1 EL Apfelessig
Salz und Pfeffer n. B.
3–4 EL Olivenöl extra vergine
1 Salatgurke oder 3 saure Gurken
100 g schwarze Oliven

BENÖTIGTE UTENSILIEN

1 Schüssel
6 Salatteller

Zubereitungszeit	25 Min.

WISSENSWERTES

Radieschen und Rettich sind reich an Mineralstoffen, Senfölen und Vitamin C. Ihren scharfen Geschmack verdanken die Knollen einem schwefelhaltigen ätherischen Öl. Rettichsaft mit Zucker dient als Hausmittel gegen Husten und Heiserkeit.

EMPFOHLENE WEINE

Langhe bianco (Piemont) bei 10 °C

Ostuni bianco (Apulien) bei 10 °C

❖

1 Den Kopfsalat verlesen, waschen, gut mit einem Handtuch trocken tupfen und in mundgerechte Stücke zupfen. Die Radieschen waschen und in Scheiben schneiden; die Tomaten waschen und achteln, dabei die Kerne entfernen.

2 In einer kleinen Schüssel Senf und Essig verrühren, Salz und Pfeffer zugeben. Während man die Mischung mit einem Schneebesen schlägt, das Öl in einem Faden einlaufen lassen und so eine emulgierte Vinaigrette herstellen.

3 Auf jeden Salatteller einen Ring aus Kopfsalat legen, Salatgurke und saure Gurken dekorativ auf den Tellern verteilen, in die Mitte die Oliven setzen, das Ganze mit der Vinaigrette beträufeln und zu Tisch bringen.

NÜTZLICHE TIPPS

Um die Gurke leichter verdaulich zu machen, sollte man sie schälen, in feine Scheiben schneiden und die Scheiben salzen. Man gibt sie dann auf ein Sieb und lässt das Wasser, das sich bildet, ablaufen. Vor Gebrauch kurz abspülen.

Insalata con uvetta
Salat mit Korinthen

EMPFOHLENE WEINE
Pentro di Isernia bianco (Molise) bei 10 °C
Velletri bianco (Latium) bei 10 °C

❖

1 Die Korinthen in einer kleinen Schüssel in lauwarmem Wasser quellen lassen und vor Gebrauch auf einem Sieb abgießen.

2 Den Kopfsalat verlesen, waschen, gut mit einem Handtuch trocken tupfen und in mundgerechte Stücke zupfen. Die Tomaten waschen, achteln und den wässrigen Innenteil mit den Kernen entfernen. Die Gurke schälen, längs halbieren, die Kerne auskratzen und das Fruchtfleisch in Scheiben schneiden. Die Zwiebel pellen und in sehr feine Ringe schneiden. Den Käse würfeln.

3 In einer kleinen Schüssel den Essig mit Salz und Pfeffer verrühren und Oregano zugeben. Während man die Mischung mit einem Schneebesen schlägt, das Öl in einem Faden einlaufen lassen und so eine emulgierte Vinaigrette herstellen.

4 Die verschiedenen Zutaten mit den Oliven auf einer Servierplatte hübsch anrichten, die Sauce darüber träufeln und servieren.

NÜTZLICHE TIPPS
Statt einer einzelnen Sorte Käse kann man auch verschiedene Käse – etwa eine Mischung aus Provolone, Mozzarella und Emmentaler – verwenden. Wenn man die Portion ein wenig vergrößert, kann der Salat den ersten Gang eines leichten Essens darstellen.

ZUTATEN
für 4 Portionen

20 g Korinthen
1 Kopfsalat
3 feste, reife Tomaten
1 Salatgurke
1 kleine Zwiebel
200 g Hartkäse nach Geschmack
1 EL Apfelessig
Salz und Pfeffer n. B.
eine Prise getrockneter Oregano
3 EL Olivenöl extra vergine
12 schwarze Oliven, entsteint

BENÖTIGTE UTENSILIEN
2 Schüsseln
1 Servierplatte

Zubereitungszeit	15 Min.

WISSENSWERTES
Korinthen sind getrocknete kleine Weintrauben. Im Gegensatz zu Rosinen sind sie jedoch sehr klein, fest und fast schwarz. Besonders große, helle, fleischige Rosinen nennt man Sultaninen. Im süddeutschen Raum und in Österreich bezeichnet man Rosinen nach dem arabischen Wort »zibib« auch als Zibeben.

Insalata di coste

Mangoldsalat

ZUTATEN

für 4 Portionen

600 g Mangold
Salz und Pfeffer n. B.
1 TL Dijonsenf
1 EL Weißweinessig
1 TL Sojasauce
1 Knoblauchzehe
4 EL Olivenöl extra vergine
2 Eier, hart gekocht
1 Bund Petersilie, gehackt
1 Bund Basilikum, gehackt

BENÖTIGTE UTENSILIEN

2 Töpfe
1 kleine Schüssel
1 Servierplatte

Vorbereitungszeit	10 Min.
Garzeit	10 Min.
Standzeit	1 Std.

WISSENSWERTES

Ein italienisches Hausmittel gegen Zahnschmerzen besteht darin, fein geriebenen frischen Knoblauch in Verbandmull zu wickeln und sich das Päckchen ins Ohr zu stecken. Es mildert den ausstrahlenden Schmerz bis zum Besuch beim Zahnarzt.

EMPFOHLENE WEINE

Torgiano bianco (Umbrien) bei 10 °C
Cilento bianco (Kampanien) bei 10 °C

❖

1 Den Mangold putzen, die weißen Stiele von den grünen Blättern trennen. Die Blätter in leicht gesalzenem Wasser 3–4 Minuten und die Stiele 7–8 Minuten blanchieren; beide auf Siebe abgießen und abkühlen lassen.

2 In einer kleinen Schüssel Senf, Essig, Sojasauce, zerdrückten Knoblauch, Salz und Pfeffer verrühren. Während man die Mischung mit einem Schneebesen schlägt, das Öl in dünnem Faden einlaufen lassen und so eine emulgierte Vinaigrette herstellen.

3 Den Mangold dekorativ auf eine Servierplatte legen, mit der Vinaigrette übergießen und mit Frischhaltefolie abgedeckt für 1 Stunde in den Kühlschrank stellen. Die hart gekochten Eier pellen, Eigelb und Eiweiß getrennt voneinander durch die feine Knoblauchpresse drücken. Nach der Marinierzeit den Salat mit dem Ei und den gehackten Kräutern dekorieren und zu Tisch bringen.

NÜTZLICHE TIPPS

Man sollte für diesen Salat nur sehr junge, zarte und frische Mangoldstiele verwenden. Bei dem Senf und der Sojasauce für die Vinaigrette hat man die Auswahl zwischen milderen und schärferen Sorten. Eine leicht süßliche Sojasauce harmoniert besonders gut.

Insalata di patate e peperoni

Kartoffel-Paprika-Salat

ZUTATEN

für 4 Portionen

4 mittelgroße Frühkartoffeln

2 Zwiebeln

2 grüne Paprikaschoten

Salz n. B.

4 EL Olivenöl extra vergine

BENÖTIGTE UTENSILIEN

4 kleine Salatschalen

Vorbereitungszeit	15 Min.
Garzeit	45 Min.

WISSENSWERTES

Gegen Erkältung: Lassen Sie die Zwiebeln fein geschnitten und großzügig mit Zucker überstreut 24 Stunden stehen. Nehmen Sie von dem sich bildenden Sirup 2–4 EL täglich.

EMPFOHLENE WEINE

Valtellina Superiore Inferno (Lombardei) bei 18 °C

Montescudaio rosso (Toskana) bei 18 °C

❖

1 Den Backofen auf 180 °C vorheizen. Die Kartoffeln waschen, in der Schale auf den Drahtrost im Backofen legen und etwa 45 Minuten garen, dann schälen und in mitteldicke Scheiben schneiden.

2 In der Zwischenzeit die Zwiebeln pellen und in feine Ringe schneiden. Die Paprika waschen, oben einen Deckel abschneiden, die Kerne und weißen Innenhäutchen entfernen und das Fruchtfleisch in feine Ringe schneiden.

3 Auf 4 Salattellern Kartoffeln, Zwiebeln und Paprika hübsch verteilt anrichten, salzen, mit Olivenöl übergießen und zu Tisch bringen.

NÜTZLICHE TIPPS

Damit die Kartoffeln garen, ohne auszutrocknen, empfiehlt es sich, sie einzeln in Aluminiumfolie zu wickeln und den Herd auf Umluft zu schalten. Wer nur einen Grill zur Verfügung hat, sollte die Kartoffeln während des Garens mehrmals wenden, damit sie rundum Hitze bekommen. Der Salat ist eine gute Beilage zu kurz gebratenem Fleisch.

Peperoni crudi in insalata

Salat von rohen Paprika

ZUTATEN

für 4 Portionen

600 g gemischte Paprikaschoten
2 Knoblauchzehen
Salz n. B.
2 EL Weißweinessig
4 EL Olivenöl extra vergine

BENÖTIGTE UTENSILIEN

1 Salatschüssel

Zubereitungszeit	15 Min.

WISSENSWERTES

Eine sehr wirksame Methode, Obst in einer Fruchtschale oder auch in der Tüte frisch zu halten, besteht darin, zwischen die Früchte ein paar ungepellte Knoblauchzehen zu stecken.

EMPFOHLENE WEINE

Falerio dei Colli Ascolani (Marken) bei 10 °C
Guardiolo bianco (Kampanien) bei 10 °C

❖

1 Die Paprikaschoten waschen, abtrocknen und halbieren. Die Stielansätze, die Kerne und weißen Innenhäutchen sorgfältig entfernen. Das Fruchtfleisch in feine Streifen schneiden und in eine Salatschüssel geben.

2 Den Knoblauch pellen, in feine Scheiben schneiden und zu den Paprika geben. Salz in dem Essig auflösen, dann unter Schlagen mit dem Schneebesen langsam das Öl zugeben. Die Paprika mit der Sauce übergießen, gut durchmischen und servieren.

NÜTZLICHE TIPPS

Die Paprika wird leichter verdaulich, wenn man sie häutet. Dazu die Schoten unter dem Grill rösten, bis die Haut schwarz wird und Blasen wirft. Sie dann in eine Schüssel legen, mit einem feuchten Tuch bedecken und etwas abkühlen lassen, danach die Haut vorsichtig von den Schoten ablösen. Den dabei austretenden Saft auffangen und zur Vinaigrette geben, mit der man den Salat beträufelt.

Fave alle sette insalate

Dicke Bohnen mit sieben Salaten

ZUTATEN

für 4 Portionen

2,5 kg dicke Bohnen zum Enthülsen
600 g Zichorie
Salz n. B.
2 Zwiebeln
100 g Rucola
120 g Weinblätter
100 g in Essig eingelegter Paprika
120 g in Öl eingelegte Auberginen
100 g schwarze Oliven
2 EL Weißweinessig
4 EL Olivenöl extra vergine

BENÖTIGTE UTENSILIEN

2 Töpfe
1 Sieb
1 große oder mehrere
kleine Servierschalen

Vorbereitungszeit	30 Min.
Garzeit	25 Min.

WISSENSWERTES

Die Zichorie oder Feldwegwarte ist mit der Endivie verwandt. Ihre jungen Blätter dienen als Salat; aus ihren getrockneten Wurzeln wird ein Kaffeeersatz hergestellt.

EMPFOHLENE WEINE

Locorotondo (Apulien) bei 10 °C
Bolgheri bianco (Toskana) bei 10 °C

❖

1 Die Bohnen enthülsen, waschen und in einem Topf mit gesalzenem Wasser etwa 20 Minuten gar kochen. In der Zwischenzeit die Zichorienblätter verlesen, waschen und in leicht gesalzenem Wasser 10–15 Minuten blanchieren. Danach beide gut abtropfen lassen.

2 Die Zwiebeln pellen und in hauchfeine Ringe schneiden. Den Rucola verlesen, waschen und gut abtropfen lassen. Die Weinblätter aus der Packung nehmen, waschen und abtropfen lassen. Sämtliche Salate, auch die Paprika, die Auberginen und die Oliven, dekorativ nebeneinander auf eine Servierplatte legen.

3 Alle Salate mit Essig und Öl beträufeln; falls nötig salzen und zu Tisch bringen, wo sich jeder nach Belieben von den einzelnen Sorten bedient.

NÜTZLICHE TIPPS

Die dicken Bohnen, die auch Sau- oder Ackerbohnen genannt werden, kann man bereits enthülst als Tiefkühlware oder in der Dose kaufen. Statt der jungen Zichorienblätter kann man Endiviensalat, Chicorée oder Radicchio verwenden, den man nicht erst blanchieren muss.

Insalata con la provola

Salat mit Provolone

ZUTATEN

für 4 Portionen

1 Kopf Eskariol
3 Tomaten
2 Frühlingszwiebeln
1 Bund Radieschen
1 kleiner geräucherter Provolone oder Caciocavallo
Salz n. B.
1 EL Weißweinessig
3 EL Olivenöl extra vergine

BENÖTIGTE UTENSILIEN

1 kleine Schüssel
1 Salatschüssel

Zubereitungszeit	15 Min.

WISSENSWERTES

Das Wort Eskariol leitet sich vom lateinischen Wort »escarius« ab, was »essbar« bedeutet. Der darin versteckte Hinweis war wohl nötig, weil der zu den Endivien gehörende Salat recht bitter schmeckt und deshalb nicht selbstverständlich für essbar gehalten wurde.

EMPFOHLENE WEINE

Bianco Capena (Latium) bei 10 °C
Alghero Torbato (Sardinien) bei 10 °C

❖

1 Den Salat putzen, waschen und die Blätter in mundgerechte Stücke schneiden. Die Tomaten waschen und vierteln. Die Frühlingszwiebeln putzen und waschen, den weißen Teil in Ringe schneiden. Die Radieschen waschen und in feine Scheiben schneiden. Den Käse zerteilen und in Scheiben schneiden. Alles in eine Salatschüssel geben.

2 In einer kleinen Schüssel Salz in Essig auflösen, Pfeffer zugeben und unter Schlagen mit einer Gabel oder einem Schneebesen langsam das Öl einlaufen lassen. Die Sauce über die Salate geben, gut durchmischen und zu Tisch bringen.

NÜTZLICHE TIPPS

Statt mit einer Vinaigrette kann man den Salat auch mit einer selbst gemachten Majonäse anmachen, die man etwas leichter macht, indem man ihr etwas Naturjogurt oder saure Sahne untermischt. Außerdem kann man ein paar Kapern, klein gehackte saure Gurken und andere Mixedpickles untermischen.

Insalata di taccole
Zuckererbsensalat

ZUTATEN
für 4 Portionen

600 g Zuckererbsen
Salz und Pfeffer n. B.
2 hart gekochte Eier
1 reife, feste Tomate
1 Bund krause Petersilie
einige Blätter Basilikum
2 EL Apfelessig
3 EL Olivenöl extra vergine

BENÖTIGTE UTENSILIEN
1 Topf
1 kleine Schüssel
1 Servierplatte

Vorbereitungszeit	15 Min.
Garzeit	10 Min.

WISSENSWERTES
Die Zuckererbsen, in der Lombardei »taccole« genannt, heißen sonst in Italien »piselli mangiatutto« – »Erbschen, die man ganz isst«, denn man verspeist diese zarten, jungen Erbsen samt der süßen Schote. In Deutschland sind sie auch als Kaiser- oder Zuckerschoten bekannt.

EMPFOHLENE WEINE
Riviera del Garda Bresciano bianco (Lombardei) bei 10 °C
Solopaca rosato (Kampanien) bei 10 °C

❖

1 Die Zuckererbsen waschen, in leicht gesalzenem Wasser 10 Minuten kochen, abgießen und auskühlen lassen.

2 Die gekochten Eier abpellen und in Scheiben schneiden. Die Tomaten waschen und ebenfalls in Scheiben schneiden. Eier- und Tomatenscheiben abwechselnd um den Rand einer Servierschale legen, die Zuckerschoten in die Mitte geben.

3 Von der Petersilie einige Stängel als Garnierung zurückbehalten, den Rest fein hacken, ebenso das Basilikum. Aus Essig, Salz, Pfeffer und Öl eine Vinaigrette bereiten, die gehackten Kräuter unterrühren und anschließend die Sauce über die Zuckerschoten geben. Den Salat mit Petersilie garnieren und zu Tisch bringen.

NÜTZLICHE TIPPS
Damit die Zuckerschoten ihre grüne Farbe nicht verlieren, setzt man dem Kochwasser 1/4 TL Natron zu und gibt die Schoten sofort nach dem Kochen in eine Schüssel mit Eiswasser. Die Eier sollte man bereits 2–3 Stunden vor dem Kochen aus dem Kühlschrank nehmen und mit kaltem Wasser aufsetzen: So verhindert man, dass sie beim Kochen platzen.

Pomodori, mozzarella e insalata riccia

Tomaten, Mozzarella und Friséesalat

Empfohlene Weine
Gravina (Apulien) bei 10 °C
Colli del Trasimeno bianco (Umbrien) bei 10 °C

❖

1 Den Salat putzen, waschen, gut trocknen, mundgerecht zerzupfen und auf jeden Salatteller ein paar Blätter geben. Die Karotte schaben, raspeln und jeweils eine kleine Portion davon dekorativ auf den Salatblättern verteilen.

2 Die Tomaten und den Mozzarella in dünne Scheiben schneiden. Abwechselnd dachziegelartig geschichtet neben die Salate auf die Teller legen.

3 Essig, Salz und frischen Pfeffer aus der Mühle verrühren und unter Schlagen mit einem Schneebesen das Öl einlaufen lassen. Die Sauce über die Zutaten auf den Tellern träufeln und servieren.

ZUTATEN

für 4 Portionen

1 Kopf Friséesalat
1 Karotte
4 feste, reife Tomaten
300 g Büffelmozzarella
1 EL Apfelessig
Salz und Pfeffer n. B.
3 EL Olivenöl extra vergine

BENÖTIGTE UTENSILIEN

1 kleine Schüssel
1 Salatteller

Zubereitungszeit	15 Min.

Nützliche Tipps

Der Büffelmozzarella ist kälteempfindlich und sollte möglichst nicht im Kühlschrank aufbewahrt werden. Eine Temperatur von 14–15 °C ist ideal für diesen feinen Käse. Der Salat ist eine Variation des Caprese, das man mit Mozzarella, Tomaten und Basilikum zubereitet. Man gibt Aceto Balsamico (Balsamessig) und Olivenöl sowie Salz und frischen Pfeffer darüber.

WISSENSWERTES

Mozzarella, ein in Lake liegender Weichkäse aus Kampanien, wurde ursprünglich nur aus Büffelmilch hergestellt. Der im Plastikbeutel angebotene Mozzarella ist aus Kuhmilch. Den nur lose verkauften Büffelmozzarella gibt es im Fachhandel; er ist weicher und schmackhafter als der Kuhmilchmozzarella.

Insalata calda di funghi

Warmer Pilzsalat

ZUTATEN

für 6 Portionen

2 Knoblauchzehen
2 EL Olivenöl extra vergine
1 Msp. frisch geriebene Muskatnuss
1 Msp. gemahlener Kreuzkümmel
1 Msp. Korianderpulver
700 g frische Champignons
1 EL Mehl
1 Tasse entrahmte Milch
Salz n. B.

BENÖTIGTE UTENSILIEN

1 Pfanne oder 1 Schmortopf
1 Servierplatte

Vorbereitungszeit	15 Min.
Garzeit	30 Min.

WISSENSWERTES

Vom Koriander verwendet man sowohl die kugelförmigen Samen zum Würzen als auch die in ihrem Aussehen an glatte Petersilie erinnernden Blätter (Cilantro). Die Samen, die entweder fein gemahlen oder grob zerstoßen verwendet werden, erinnern im Geschmack an Orangenschale und Salbei.

Empfohlene Weine

Dolcetto di Diano d'Alba (Piemont) bei 16 °C
Montepulciano d'Abruzzo Cerasuolo bei 16 °C

❖

1 Den Knoblauch pellen und fein hacken. Das Öl in einer Pfanne erhitzen, den Knoblauch zugeben und kurz anbraten. Die gemahlenen Gewürze zugeben und ½ Tasse Wasser angießen. Bei schwacher Hitze köcheln lassen.

2 Inzwischen die Champignons putzen, mit einem feuchten Tuch abwischen (nur im Notfall waschen) und in feine Scheiben schneiden. Die Pilze zu der Gewürzsauce in der Pfanne geben und unter gelegentlichem Rühren etwa 20 Minuten schmoren lassen.

3 Das Mehl mit der Milch verrühren. Die Pilze in der Pfanne ein wenig an den Rand schieben, die Milchmischung in die Mitte gießen und unter Rühren zum Kochen bringen, dann die Pilze mit hineinrühren. Alles gut mischen, mit Salz abschmecken und die Pilze auf einer mit Salatblättern ausgelegten Servierplatte zu Tisch bringen.

Nützliche Tipps

Um den Geschmack der Pilze zu heben, kann man entweder ein wenig Trüffelpaste aus der Tube zugeben oder einige getrocknete Steinpilze, die man zuvor in lauwarmem Wasser hat ausquellen lassen. Die Pilze sind eine gute Beilage zu Braten oder kurz gebratenem Fleisch.

Melanzane in insalata

Auberginensalat

ZUTATEN

für 4 Portionen

4 Auberginen
1 Bund Petersilie
1 Knoblauchzehe
4 Sardellenfilets
Salz n. B.
Weißweinessig n. B.
1 Msp. getrocknete Chilischote
Olivenöl extra vergine n. B.

BENÖTIGTE UTENSILIEN

1 Grill
1 kleine Schüssel
1 Salatschüssel

Vorbereitungszeit	15 Min.
Grillzeit	15–20 Min.

WISSENSWERTES

Die Petersilie (Petroselinum crispum) ist ein bereits seit der Antike bekanntes und viel genutztes Küchenkraut, das man auch zu Heilzwecken gegen Ohrenschmerzen, Rheuma und Leberleiden nutzte.

EMPFOHLENE WEINE

Contessa Entellina Chardonnay (Sizilien) bei 10 °C
Rosso Piceno (Marken) bei 16 °C

❖

1 Die Auberginen putzen, waschen und längs in etwa 2 cm dicke Scheiben schneiden. Die Scheiben unter den heißen Grill legen, etwa 15–20 Minuten garen und dabei mindestens einmal wenden, dann abkühlen lassen.

2 In der Zwischenzeit die Petersilie waschen, trocken tupfen und zusammen mit dem gepellten Knoblauch fein hacken. Die Sardellenfilets abtupfen und klein schneiden. Die abgekühlten Auberginen in Streifen schneiden und in eine Salatschüssel geben.

3 In einer kleinen Schüssel Salz in Essig auflösen, die getrocknete Chilischote zugeben und unterschlagen; mit einem Schneebesen das Öl einlaufen lassen. Petersilie, Knoblauch und Sardellen zur Sauce geben, diese dann über die Auberginen gießen, gut durchmischen und servieren.

NÜTZLICHE TIPPS

Um den Auberginen Wasser zu entziehen, kann man die Scheiben vor dem Grillen salzen und 30 Minuten ruhen lassen. Dann tupft man sie vorsichtig, aber gründlich ab und verfährt wie beschrieben. Je nach Geschmack kann man die Auberginen vorher auch mit dem Sparschäler schälen – sie zerfallen dann aber leichter.

Insalata di cannellini al verde

Bohnensalat mit Grün

ZUTATEN

für 4 Portionen

1 Dose kleine weiße Bohnen (500 g)
1 Bund Basilikum
1 EL geschälte Pistazien
2 Sardellenfilets
1 Knoblauchzehe
1 EL Weißweinessig
4 EL Olivenöl extra vergine
Salz und Pfeffer n. B.

BENÖTIGTE UTENSILIEN

1 Salatschüssel
1 Mixer oder Schneidestab

Zubereitungszeit	15 Min.

WISSENSWERTES

Essig wird wegen seiner reinigenden Eigenschaften oft als Haushaltsreiniger verwendet. Da er Kalk löst, benutzt man ihn zum Säubern von Armaturen, doch auch Töpfe, in denen Speisereste fest geworden sind, lassen sich besser spülen, wenn man sie mit Wasser einweicht, dem etwas Essig zugesetzt ist.

EMPFOHLENE WEINE

Colli Berici Pinot bianco (Venetien) bei 10 °C
Colli Albani secco (Latium) bei 10 °C

❖

1 Die Bohnen aus der Dose auf ein Sieb abgießen und mit kaltem Wasser abwaschen. Gut abtropfen lassen und in eine Salatschüssel geben.

2 Die gewaschenen, gut abgetrockneten Basilikumblätter in den Mixbecher geben, Pistazien, Sardellenfilets, gepellten Knoblauch, Essig, Olivenöl, Salz und Pfeffer zufügen und etwa 1 Minute durchmixen.

3 Die Sauce über die Bohnen geben, gut durchmischen und die Bohnen anschließend an einem kühlen Ort, jedoch nicht im Kühlschrank, durchziehen lassen.

NÜTZLICHE TIPPS

Die Pistazien sollten frisch, nicht gesalzen und nicht geröstet sein. Anstatt sie mit in den Mixer zu geben, kann man sie separat hacken und der Sauce zugeben. Wer keine Pistazien bekommt, nimmt Pinienkerne.

Insalata del fornaio

Salat nach Bäckerart

ZUTATEN

für 4 Portionen

300–400 g altbackenes Kastenweißbrot
3 Tomaten
1 Salatgurke
3 Stangen Lauch
1 Mozzarella
1 Knoblauchzehe
einige Blätter Basilikum
1 EL Weißweinessig
4 EL Olivenöl extra vergine
Salz und Pfeffer n. B.

BENÖTIGTE UTENSILIEN

1 beschichtete Pfanne
1 kleine Schüssel
1 Salatschüssel

Vorbereitungszeit	15 Min.
Garzeit	5 Min.
Standzeit	10 Min.

WISSENSWERTES

Die der Melone verwandte Gurke wird bereits seit mindestens 12 000 Jahren kultiviert. Man unterscheidet Freilandsalatgurken, Treibhaussalatgurken (die das ganze Jahr über zu haben sind) und kleinere Einlegegurken, die man allerdings auch frisch verzehren kann.

EMPFOHLENE WEINE

Genazzano bianco (Latium) bei 10 °C
Bosco Eliceo bianco (Emilia-Romagna) bei 10 °C

❖

1 Die Rinde vom Brot entfernen und in kleine Würfel schneiden. Die Brotwürfel in einer beschichteten Pfanne ohne alle Zusätze hellbraun rösten und in eine Salatschüssel geben.

2 Die Tomaten waschen, das Fruchtfleisch ohne die Kerne in kleine Stücke schneiden. Die Gurke schälen und in dünne Scheiben schneiden. Den Lauch putzen und waschen, den weißen Teil in feine Ringe schneiden. Den Mozzarella klein würfeln, den Knoblauch pellen und klein schneiden, das Basilikum grob hacken. Sämtliche Zutaten zu den Brotwürfeln in die Schüssel geben.

3 In einer kleinen Schüssel Essig und Öl zu einer Vinaigrette verschlagen, salzen und pfeffern, dann über den Salat geben. Gut mischen und vor dem Servieren etwa 10 Minuten ziehen lassen.

NÜTZLICHE TIPPS

Wünscht man einen etwas kräftigeren Geschmack, kann man das Brot auch in etwas Knoblauchöl rösten. Verwendet man vorgeschnittenes Toastbrot, sollte man es nicht entrinden. Wenn man die Brotwürfel im Salat lieber knusprig wünscht, reicht man sie in einer separaten Schüssel und gibt sie erst bei Tisch über den fertigen Salat.

Insalata di asparagi del gourmet

Spargelsalat für den Gourmet

ZUTATEN

für 6 Portionen

24 grüne Spargelköpfe
6 hart gekochte Wachteleier (Glas)
6 Artischockenherzen (Dose)
100 g Foie gras (Gänsestopfleber)
1 EL Sherryessig
Salz und Pfeffer n. B.
4 EL Olivenöl extra vergine

BENÖTIGTE UTENSILIEN

1 Topf
1 kleine Schüssel
6 Salatteller

Vorbereitungszeit	15 Min.
Garzeit	10 Min.

WISSENSWERTES

Foie gras (»fette Leber«) ist die maßlos vergrößerte Leber gestopfter Gänse – eine Spezialität, die aus Straßburg, aber auch aus der Gascogne und dem Périgord stammt. Besonders teure Sorten sind zusätzlich mit schwarzer Trüffel verfeinert.

EMPFOHLENE WEINE

Franciacorta (Lombardei) bei 8 °C
Valle d'Isarco Müller-Thurgau (Trentino-Tiroler Etschland) bei 10 °C

❖

1 Die Spargelköpfe in gesalzenem Wasser 3–4 Minuten kochen, dann in Eiswasser abschrecken und gut abtropfen lassen. Die Wachteleier aus dem Glas nehmen und halbieren, die Artischockenherzen aus der Dose abgießen und vierteln.

2 Die Spargelköpfe, Artischocken und Wachteleier auf 6 Tellern dekorativ anrichten, in die Mitte jedes Tellers eine kleine Portion Foie gras setzen.

3 In einer kleinen Schüssel den Essig mit Salz und Pfeffer aus der Mühle verrühren. Während man mit einem Schneebesen kräftig schlägt, das Öl in dünnem Faden einlaufen lassen. Vorsichtig etwas von der Vinaigrette über die Spargelköpfe und die Artischocken geben, anschließend sofort servieren.

NÜTZLICHE TIPPS

Wer junge, frische Artischocken verwenden möchte, sollte von ihnen die holzigen äußeren Blätter entfernen. Von den übrigen Blättern muss man die Spitzen abschneiden. Die Artischocken vierteln und das Heu entfernen, sie dann in Wasser, dem der Saft einer Zitrone zugesetzt ist, 15 Minuten kochen. Anstelle der Foie gras kann man auch feinste Kalbsleberpastete nehmen.

Insalata di fagiolini primaverile

Frühlingssalat mit jungen Bohnen

ZUTATEN

für 4 Portionen

12 kleine neue Kartoffeln
1 kg junge grüne Bohnen
Salz und Pfeffer n. B.
6 saure Gurken (Glas)
2 hart gekochte Eier
2 Bund Brunnenkresse
50 g Ricotta oder Quark
1 TL Senf
2 EL Weißweinessig
4 EL Olivenöl extra vergine

BENÖTIGTE UTENSILIEN

2 Töpfe
1 Salatschüssel
1 Mixer

Vorbereitungszeit	15 Min.
Garzeit	30 Min.

WISSENSWERTES

Die Brunnenkresse (Nasturtium officinale) wächst nur an fließenden sauberen Gewässern. Die frischen, nach Meerrettich schmeckenden Blättchen enthalten Vitamin A, C, D und E sowie Jod.

EMPFOHLENE WEINE

Ansonica Costa dell'Argentario (Toskana) bei 10 °C
Cori bianco (Latium) bei 10 °C

❖

1 Die gewaschenen Kartoffeln in reichlich Wasser gar kochen, pellen und in Scheiben schneiden. Die Bohnen putzen, waschen und in gesalzenem Wasser in einem zweiten Topf bissfest kochen, abgießen. Falls die Bohnen sehr lang sind, sollten Sie diese in 4–5 cm lange Stücke schneiden. Kartoffeln und Bohnen in eine Salatschüssel geben.

2 Die Gurken in Scheiben schneiden, ebenfalls hinzufügen und mischen. Die Eier fein hacken und über dem Salat verteilen. Die Brunnenkresse waschen, die Blätter von den Stängeln zupfen und in den Mixbecher geben. Ricotta, Senf, Essig, Öl, Salz und Pfeffer zufügen und 1 Minute durchmixen. Die Sauce in der Mitte auf den Salat geben und servieren.

NÜTZLICHE TIPPS

Wer dem Salat etwas mehr Farbe verleihen möchte, kann noch eine große, gekochte, in Scheiben geschnittene Karotte hinzufügen. Anstatt der grünen Bohnen kann man Zuckerschoten verwenden.

Insalata di soncino e rapanelli
Feldsalat mit Radieschen

Empfohlene Weine

Bosco Eliceo Sauvignon (Emilia-Romagna) bei 10 °C
Colli di Conegliano bianco (Venetien) bei 10 °C

❖

1 Alle Salate und Kräuter verlesen, putzen, waschen und gründlich trocken tupfen. Die Radieschen in Scheiben und dann in feine Stifte schneiden, die Blätter des Kopfsalats in mundgerechte Stücke zupfen. Die Salate in eine große Schüssel geben.

2 In einer kleinen Schüssel etwas Salz in Essig auflösen und Pfeffer aus der Mühle zugeben. Während man kräftig mit einem Schneebesen schlägt, das Öl in dünnem Faden einlaufen lassen und so eine emulgierte Vinaigrette herstellen. Den Schnittlauch in feine Röllchen schneiden, das Basilikum hacken und die Kräuter in die Vinaigrette geben.

3 Die Kräutersauce über die Salate in der Schüssel gießen, gut mischen und servieren.

Nützliche Tipps

Statt mit der Kräutervinaigrette kann man den Salat mit einer Sauce aus Olivenöl, Zitronensaft, Salz, Pfeffer und etwas Dijonsenf oder mit einer kräftig gewürzten Majonäse anmachen.

ZUTATEN

für 4 Portionen

100 g Feldsalat
1 kleiner Kopfsalat
1 Bund Basilikum
1 Bund Schnittlauch
1 Bund Radieschen
Salz und Pfeffer n. B.
1 EL Weißweinessig
3 EL Olivenöl extra vergine

BENÖTIGTE UTENSILIEN

1 kleine Schüssel
1 Salatschüssel

Zubereitungszeit	15 Min.

WISSENSWERTES

Feldsalat, auch Rapunzel oder Ackersalat genannt, hat dunkelgrüne daumengroße Blätter mit sehr würzigem Geschmack. Er ist ausgesprochen eisenhaltig. Man muss ihn gründlich waschen, da er oft sehr sandig ist.

Cappuccio acido S. 50

Verza nella verza S. 51

Insalata di cipolle al forno S. 52

Insalata di rinforzo S. 54

Insalata di fave S. 56

Insalata di carciofi crudi S. 58

Insalata nordica S. 60

Insalata al rafano S. 62

Insalata di sedano rapa S. 63

Insalata di sedano S. 64

Insalata di mozzarella S. 66

Scorzonera con salsa S. 68

Cuori di spinaci alle noci S. 70

Cardi in agrodolce S. 72

Salate für Herbst und Winter

Insalata di finocchi cotti S. 74

Sedano rapa alla panna S. 75

Insalata calda di broccoli S. 76

Cavolfiore con uova sode S. 78

Cardi caldi in insalata S. 80

Carciofi e carote in coppa S. 82

Fagioli di Spagna piccanti S. 84

Insalata di lenticchie S. 86

Fagioli alla veneta S. 87

Cappuccio acido
Saurer Weißkohl

ZUTATEN
für 4 Portionen

1 kg Weißkohl
Salz und Pfeffer n. B.
1 Zwiebel
1 Knoblauchzehe
30 g Butter
120 g Schinkenspeck
(siehe »Wissenswertes«)
1 Apfel

BENÖTIGTE UTENSILIEN
1 Topf
1 Pfanne
1 Servierplatte

Vorbereitungszeit	15 Min.
Garzeit	45 Min.

WISSENSWERTES
Unter »speck« versteht man in Italien eine aus dem Trentino-Tiroler Etschland stammende Spezialität – einen Rohschinken aus der Schweinekeule, der vor dem Räuchern mit Salz und Alpenkräutern gepökelt wurde. Man kann ersatzweise Parmaschinken oder einen anderen rohen Schinken verwenden.

EMPFOHLENE WEINE
Friuli Aquileia Refosco dal peduncolo rosso bei 16 °C
Colline Novaresi Croatina (Piemont) bei 16 °C

❖

1 Den Kohl putzen, halbieren oder vierteln, waschen und in kochendem, gesalzenem Wasser etwa 5 Minuten garen, dann abgießen und auf einem Sieb gut abtropfen lassen.

2 Zwiebel und Knoblauch pellen und fein hacken. Die Butter in einer Pfanne schmelzen, Zwiebel und Knoblauch darin glasig dünsten. Dann den Kohl zugeben, durchrühren und bei aufgelegtem Deckel schmoren lassen.

3 Inzwischen den Schinken in Würfel schneiden, den Apfel schälen und ohne Kerngehäuse ebenfalls würfeln. Beides zum Kohl in die Pfanne geben, salzen, pfeffern und durchmischen. Deckel auflegen und nochmals 25–30 Minuten schmoren lassen. Den fertig gegarten Kohl auf eine Servierplatte geben und heiß zu Tisch bringen.

NÜTZLICHE TIPPS
Man sollte für dieses Gericht einen säuerlichen, mürben Apfel wählen, z. B. einen Boskop. Soll der Apfel beim Kochen nicht zerfallen, muss man ihn erst ganz zum Schluss zum Kohl geben und ihn nur so eben heiß werden lassen.

Verza nella verza

Wirsing im Wirsing

EMPFOHLENE WEINE
Orvieto (Umbrien) bei 10 °C
Castel del Monte Aglianico rosato (Apulien) bei 10 °C

❖

1 Die Eier 8–10 Minuten hart kochen, abschrecken und pellen. Wenn sie abgekühlt sind, vierteln.

2 Von dem Wirsing die äußeren harten Blätter entfernen. Die Innenblätter leicht auseinander drücken, dann mit einem spitzen scharfen Messer das gelbe Herz herausschneiden. Darauf achten, dass der Kohl nicht auseinander fällt – also nicht zu tief in den Strunk schneiden! Was man ausgelöst hat, waschen, trocknen und in feine Streifen schneiden. Die Paprikastücke grob schneiden.

3 In einer Schüssel die Majonäse mit Wein und Worcestersauce verrühren, anschließend mit Salz und Pfeffer abschmecken. Den Wirsing und den Paprika zugeben und gut durchmischen.

4 Den Salat in den ausgehöhlten Wirsing füllen, mit den Eivierteln belegen und auf einer Servierplatte zu Tisch bringen.

NÜTZLICHE TIPPS

Aus den abgelösten, klein geschnittenen Wirsingblättern stellt man ein Reinigungsmittel für Leder her: Man gibt je 1 EL Olivenöl und Zitronensaft sowie 1 TL Natron zu und lässt sie 10–15 Minuten ziehen. Mit einem angefeuchteten Baumwolltuch auf das Leder aufbringen.

ZUTATEN

für 4 Portionen

2 Eier
1 Kopf Wirsing (etwa 1 kg)
2 Stücke in Öl eingelegter roter Paprikaschote
4 EL Majonäse
2–3 EL trockener Weißwein
einige Spritzer Worcestersauce
Salz und Pfeffer n. B.

BENÖTIGTE UTENSILIEN

1 Topf
1 Schüssel
1 Servierplatte

Vorbereitungszeit	15 Min.
Garzeit	8–10 Min.

WISSENSWERTES

Der Wirsing ist ein Nahrungsmittel mit gut ausgewogenen Bestandteilen, denn neben Eiweiß und Ballaststoffen enthält er Kalzium, Kalium und Phosphor sowie die Vitamine A und C und solche der B-Gruppe.

Insalata di cipolle al forno

Zwiebelsalat aus dem Ofen

ZUTATEN

für 4 Portionen

100 g grobes Salz
500 g gemischte Zwiebeln
(weiße, gelbe und rote)
1 Bund Petersilie
1 EL Weißweinessig
Salz und Pfeffer n. B.
3–4 EL Olivenöl extra vergine

BENÖTIGTE UTENSILIEN

1 Backblech
1 Schüssel
1 Servierschale

Vorbereitungszeit	15 Min.
Garzeit	40 Min.

WISSENSWERTES

Die Zwiebel gehört mit ihren hohen Anteilen an wertvollen Vitaminen (vor allem C und B), ätherischen Ölen, Mineralien sowie natürlichen Antibiotika zu den gesündesten Würzgemüsen. Schon in der Antike wusste man ihre Heilkräfte zu nutzen. So wurde beispielsweise an die Sklaven, die an der Cheopspyramide bauten, eine tägliche Ration Zwiebeln ausgegeben.

EMPFOHLENE WEINE

Capriano del Colle rosso (Lombardei) bei 16 °C
Colli dell'Etruria Centrale rosso (Toskana) bei 16 °C

❖

1 Den Backofen auf 180 °C vorheizen. Das grobe Salz auf dem Backblech verteilen. Die Zwiebeln ungeschält waschen, auf das Blech setzen und für etwa 40 Minuten in den Ofen geben, bis sie weich sind.

2 Die Zwiebeln aus dem Ofen nehmen, pellen, in Ringe schneiden und in die Servierschale geben. Die Petersilie waschen, trocken tupfen und fein hacken. Essig und Salz in eine Schüssel geben, verrühren, bis sich das Salz gelöst hat, und Pfeffer zufügen. Während man mit einem Schneebesen schlägt, das Öl in dünnem Faden einlaufen lassen und eine emulgierte Vinaigrette herstellen.

3 Die Vinaigrette über die Zwiebeln gießen, gut durchmischen, die Petersilie darüber streuen und nach Geschmack lauwarm oder kalt servieren.

NÜTZLICHE TIPPS

Wählen Sie für diesen Salat feste, nicht zu große Zwiebeln mit glatter, papierartiger Schale und ohne Austriebe. Zwiebeln, die bereits Austriebe zeigen, könnten im Inneren schon zu faulen beginnen.

Insalata di rinforzo

Gestärkter Salat

ZUTATEN

für 4 Portionen

1 Blumenkohl
50 g schwarze Oliven
50 g grüne Oliven
50 g saure Gurken
1 in Essig eingelegter Paprika
8 Sardellenfilets
1 TL kleine Kapern
Salz n. B.
2 EL Weißweinessig
6 EL Olivenöl extra vergine

BENÖTIGTE UTENSILIEN

1 Topf
1 Salatschüssel

Vorbereitungszeit	30 Min.
Garzeit	20 Min.

WISSENSWERTES

In Italien bereitet man diesen Salat traditionellerweise zur Weihnachtszeit zu und isst bis zum Dreikönigsfest davon, wobei man ihn täglich um die verzehrten Anteile mit neuen Zutaten »stärkt«.

EMPFOHLENE WEINE

Ischia bianco (Kampanien) bei 10 °C
Orvieto Classico (Umbrien) bei 10 °C

1 Den Blumenkohl putzen, waschen, in Röschen teilen und in einem Topf in gesalzenem Wasser 15–20 Minuten kochen. Abgießen, gut abtropfen und auskühlen lassen, dann in eine Salatschüssel geben.

2 In der Zwischenzeit die Oliven entsteinen, die Gurken in Scheiben, den Paprika in Streifen schneiden, die Sardellen abspülen und klein schneiden und die Kapern abtropfen lassen.

3 Alle Zutaten zum Blumenkohl geben. Den Salat salzen, Essig und Öl darüber geben, alles gut durchmischen, etwas durchziehen lassen und servieren.

NÜTZLICHE TIPPS

Die Blumenkohlröschen für diesen Salat dürfen keinesfalls zu weich gekocht sein; sie müssen unbedingt Biss haben, weshalb man während des Kochens mit einem scharfen spitzen Messer prüfen sollte, wie weit der Kohl gegart ist. Sollte er bereits etwas zu gar sein, gießt man ihn ab und gibt ihn sofort in Eiswasser, damit der Garvorgang unterbrochen wird. Kohl, der normal auskühlt, gart noch etwas nach.

Insalata di fave

Salat von dicken Bohnen

ZUTATEN

für 4 Portionen

1 kg dicke Bohnen
Salz und Pfeffer n. B.
2 Scheiben Kastenweißbrot
6 EL Olivenöl extra vergine
1 Knoblauchzehe
2 TL Sardellenpaste
1 EL Apfelessig
1 TL Senf

BENÖTIGTE UTENSILIEN

1 Topf
1 Pfanne
1 Salatschüssel

Vorbereitungszeit	30 Min.
Garzeit	30 Min.

WISSENSWERTES

Bereits in der Bronzezeit wurden im Mittelmeerraum Bohnen kultiviert. Den Griechen des klassischen Altertums galten die dicken Bohnenkerne allerdings als minderwertige Kost, die angeblich schädlich für Körper und Geist war.

EMPFOHLENE WEINE

Pentro di Isernia bianco (Molise) bei 10 °C
Velletri bianco (Latium) bei 10 °C

❖

1 Die Bohnen auspalen und aus den dünnen Häutchen lösen. Wasser aufsetzen und salzen, die Bohnen darin etwa 15 Minuten garen, dann abgießen und abkühlen lassen.

2 Das Brot in 1,5 cm große Würfel schneiden. 2 EL Öl in einer Pfanne erhitzen, die Knoblauchzehe darin Farbe annehmen lassen, dann wieder entfernen und die Brotwürfel im Öl knusprig-braun ausbraten.

3 In einer Schüssel die Sardellenpaste mit Apfelessig und Senf verrühren, pfeffern und anschließend unter ständigem Rühren mit einem Holzlöffel das restliche Öl einarbeiten.

4 Bohnen und Brotwürfel in eine Salatschüssel geben. Die Sauce darüber verteilen, gut durchmischen und den Salat zu Tisch bringen.

NÜTZLICHE TIPPS

Wenn die Zeit knapp ist, kann man tiefgekühlte Bohnenkerne verwenden, die man nur auftauen muss. Alternativ kann man Bohnenkerne aus der Dose nehmen. Verwendet man frische dicke Bohnen, sollte man darauf achten, dass die Hülsen glatt und die Kerne dick sind, aber nicht schon hervortreten.

Insalata di carciofi crudi

Salat von rohen Artischocken

ZUTATEN

für 4 Portionen

8 junge Artischocken
2 Zitronen
ein paar Blätter frische Minze
4 EL Olivenöl extra vergine
1 Knoblauchzehe
Salz n. B.

BENÖTIGTE UTENSILIEN

1 Schüssel
1 Servierplatte

Vorbereitungszeit	30 Min.
Marinierzeit	1 Std.

WISSENSWERTES

Mit Zitronensaft kann man Gegenstände aus Messing und Silber reinigen und Rußflecken entfernen. Auch braune Nikotinspuren an den Fingernägeln und Zähnen lassen sich damit entfernen. Blonde Haare lassen sich damit aufhellen.

EMPFOHLENE WEINE

Velletri bianco (Latium) bei 10 °C
Pagadebit di Romagna bei 10 °C

❖

1 Die Artischocken sorgfältig putzen, die harten äußeren Blätter entfernen und von den übrigen Blättern die Spitzen abschneiden. Die Artischocken vierteln, das Heu entfernen, sie dann in eine Schüssel mit kaltem Wasser legen, dem der Saft einer Zitrone beigefügt ist.

2 Die Minze waschen, klein schneiden und den Saft der zweiten Zitrone zugeben. Das Öl mit einer Gabel unterschlagen und die Sauce salzen.

3 Den Knoblauch pellen und in feine Scheiben schneiden. Die Artischocken gut abtropfen lassen und in eine Salatschüssel geben. Den Knoblauch zufügen, die Sauce darüber träufeln, gut mischen und vor dem Servieren 1 Stunde marinieren lassen.

NÜTZLICHE TIPPS

Der frische Knoblauch verleiht diesem Salat seinen besonderen Geschmack. Wer den starken Knoblauchgeschmack fürchtet, kann die Salatschüssel lediglich mit einer geteilten Knoblauchzehe auswischen. Man sollte für diesen Salat nur ganz junge, frische und saftige Artischocken verwenden.

Insalata nordica
Nordischer Salat

ZUTATEN
für 4 Portionen

1 geräucherter Hering (Bückling)
1½ Glas Milch
2 kleine Zwiebeln
360 g Rote Bete, bereits gekocht
1 EL Apfelessig
4 EL Olivenöl extra vergine
Salz und Pfeffer n. B.
2 hart gekochte Eier
einige Zweige Petersilie

BENÖTIGTE UTENSILIEN

1 längliches Gefäß
1 Salatschüssel
1 kleine Schüssel

Vorbereitungszeit	20 Min.
Standzeit	24 Std.

WISSENSWERTES

Die im Frühjahr gefangenen Heringe sind fetter als die Herbstheringe. Frisch werden sie als grüne Heringe bezeichnet, geräuchert nennt man sie Bücklinge. In Lake eingelegt werden Salzheringe daraus, mariniert man sie sauer, heißen sie Bismarckheringe oder Rollmöpse. Als Matjes bezeichnet man die noch nicht geschlechtsreifen grünen Heringe, die man gern in saure Sahne eingelegt verzehrt.

EMPFOHLENE WEINE

Colline Novaresi Spanna (Piemont) bei 16 °C
Trentino Müller-Thurgau bei 10 °C

❖

1 Den Hering filetieren und eventuell vorhandene Gräten entfernen. Die Filets in eine längliche Schüssel legen und mit Milch bedeckt etwa 24 Stunden ruhen lassen.

2 Den Hering aus der Milch nehmen, abtropfen lassen, in Würfel schneiden und in eine Salatschüssel geben. Die Zwiebeln pellen, in feine Ringe schneiden, die Rote Bete falls nötig schälen, dann würfeln und beide zum Hering geben.

3 In einer kleinen Schüssel Essig und Öl zu einer emulgierten Sauce verschlagen, salzen und pfeffern. Die Sauce über den Heringssalat geben, gut durchmischen.

4 Den Heringssalat mit Scheiben von gekochtem Ei und fein gehackter Petersilie garniert servieren.

NÜTZLICHE TIPPS

Bereits vorgekochte Rote Bete kann man im Vakuumbeutel abgepackt kaufen. Weniger empfehlenswert für diesen Salat ist die in Scheiben geschnittene, sauer eingelegte Rote Bete aus dem Glas, denn sie ist meist sehr weich gekocht und zerfällt sehr leicht. Brauchbar sind sauer eingelegte Kugeln von Roter Bete, da sie fester sind.

Insalata al rafano

Salat mit Meerrettich

ZUTATEN

für 4 Portionen

200 g Rote Bete, bereits gekocht
1 säuerlicher Apfel
Zitronensaft n. B.
250 g Weißkohl

Für die Sauce

100 g Majonäse
1 EL frisch geriebener Meerrettich
2 EL Sahne

BENÖTIGTE UTENSILIEN

1 Schüssel
Küchenpapier
1 Salatschüssel

Zubereitungszeit	20 Min.

WISSENSWERTES

Der Meerrettich (Choclearia armoracia) ist einer Faustregel nach in allen Monaten mit einem »r« am Ende im Fachhandel frisch zu haben. Der das ganze Jahr über verfügbare, in Tuben oder Gläsern konservierte Meerrettich kann das feine Aroma des frischen Meerrettichs jedoch nicht erreichen.

EMPFOHLENE WEINE

Bianco di Custoza (Venetien) bei 10 °C
Bianco dell'Empolese (Toskana) bei 10 °C

❖

1 Die vorgekochte Rote Bete falls nötig schälen und in Würfel schneiden. Auf einem Sieb unter fließendem Wasser abspülen und die Würfel mit Küchenpapier trocken tupfen.

2 Den Apfel schälen, vierteln, das Kerngehäuse ausschneiden, das Fruchtfleisch ebenfalls würfeln, in eine Schüssel geben und mit etwas Zitronensaft beträufeln. Den Kohl waschen, in feine Streifen hobeln und zum Apfel geben.

3 Für die Sauce die Majonäse in einer Schüssel mit dem Meerrettich und der Sahne verrühren. Die Rote Bete zum Kohl geben, durchmischen, die Meerrettichsauce in einem großen Klacks oben auf den Salat setzen. Servieren und bei Tisch durchmischen.

NÜTZLICHE TIPPS

Da die Rote Bete intensiv färbt, sollte man beim Schneiden und Schälen der Knollen entweder Einweghandschuhe tragen oder sich die Hände hinterher mit Zitronensaft waschen. Wer die Sauce leichter mag, nimmt statt der Majonäse frischen Magerjogurt und gibt etwas abgeriebene Zitronenschale daran.

Insalata di sedano rapa
Selleriesalat

Empfohlene Weine
Penisola Sorrentina bianco (Kampanien) bei 10 °C
Friuli Latisana Cabernet Franc bei 16 °C

❖

1 Die Sellerieknolle abschälen, waschen und in Scheiben schneiden. Sofort Zitronensaft darüber träufeln, damit der Sellerie nicht braun wird. Wasser aufsetzen, 1 EL Essig zugeben und die Scheiben 1 Minute blanchieren, dann herausnehmen, abkühlen lassen und in feine Streifen schneiden. Die Selleriestreifen in eine Schüssel geben und 1 EL Essig darüber träufeln.

2 Für die Sauce etwas Salz in eine Schüssel geben, Senf, Essig und etwas Pfeffer zufügen. Während man mit einem Schneebesen schlägt, das Öl in einem Faden einlaufen lassen, zuletzt das zerdrückte Eigelb zugeben und gut untermischen.

3 Die Sauce über den Sellerie geben, den Salat gut mischen und zu Tisch bringen.

Nützliche Tipps
Knollensellerie, dessen Hauptsaison zwischen Oktober und April liegt, lässt sich im Gemüsefach des Kühlschranks einige Tage aufbewahren. Man sollte beim Kauf nicht zu große Knollen wählen: Sie sind im Inneren oft schwammig. Bedenken Sie, dass man durch das Abschälen relativ viel Abfall erhält.

ZUTATEN
für 4 Portionen

1 Knollensellerie
1 Zitrone
2 EL Apfelessig

Für die Sauce
Salz und Pfeffer n. B.
1 TL Senf
1 EL Apfelessig
3 EL Olivenöl extra vergine
1 hart gekochtes Eigelb

BENÖTIGTE UTENSILIEN
1 Topf
1 Salatschüssel
1 kleine Schüssel

Vorbereitungszeit	15 Min.
Garzeit	30 Min.

WISSENSWERTES
Das erstmals während der Renaissance kultivierte Wurzelgemüse ist nicht, wie vielfach angenommen, die Wurzel des Bleich- oder Stangenselleries, sondern eine eigene Pflanze. Man kann die Knollen gegart oder roh verzehren.

Insalata di sedano alla crema

Salat von Stangensellerie mit cremiger Sauce

ZUTATEN

für 4 Portionen

2 Stauden Stangensellerie
100 g Gorgonzola
4 EL Sahne
3 EL Olivenöl extra vergine
2 EL Zitronensaft
Salz und Pfeffer n. B.
2 EL frische, grob gehackte Walnüsse

BENÖTIGTE UTENSILIEN

1 kleine Schüssel
4 kleine Servierschalen

Zubereitungszeit	15 Min.

WISSENSWERTES

Im alten Rom glaubte man, dass ein auf dem Kopf getragener Kranz aus Stangensellerie bei übermäßigem Weingenuss vor einem Kater schütze, weshalb in vielen Villengärten Stangensellerie angebaut wurde. Um die Stängel möglichst blass zu halten (man spricht nicht zufällig von »Bleichsellerie«), wird während der Wachstumsperiode Erde um die Stiele gehäuft.

EMPFOHLENE WEINE

Colli Tortonesi Barbera (Piemont) bei 16 °C
Oltrepò Pavese Bonarda (Lombardei) bei 16 °C

❖

1 Den Sellerie putzen, dabei die äußeren Stängel und fast alle grünen Blätter entfernen. Die zarten Innenstängel waschen und in mundgerechte Stücke schneiden.

2 Den Gorgonzola in einer Schüssel mit einer Gabel zerdrücken, die Sahne zugeben und mit dem Käse cremig verrühren, dann Öl und Zitronensaft einarbeiten und mit Salz und Pfeffer abschmecken.

3 Den Sellerie auf 4 kleine Schalen verteilen. Auf jede Portion Sellerie etwas Gorgonzolasauce geben, gehackte Walnüsse darüber streuen und servieren.

NÜTZLICHE TIPPS

Man kann die Selleriestangen 1 Minute in kochendem, leicht gesalzenem Wasser blanchieren. Ehe man wie beschrieben fortfährt, trocknet man den Sellerie gut ab. Wer die Sauce etwas leichter mag, lässt das Öl weg und erhöht den Anteil an Sahne ein wenig.

Insalata di mozzarella e noci

Mozzarellasalat mit Nüssen

ZUTATEN
für 4 Portionen

200 g geschälte Walnüsse
2 Stängel Staudensellerie
300 g Mozzarella
3 TL Senf
2 EL Olivenöl extra vergine
Salz und Pfeffer n. B.

BENÖTIGTE UTENSILIEN
1 Schüssel
1 tiefe Servierplatte

Zubereitungszeit	20 Min.

WISSENSWERTES
Da es sich bei Nüssen um Samenkerne handelt, von denen sich die Pflanzen bei der Keimung ernähren müssen, enthalten sie sehr viel Protein und ungesättigte Fettsäuren sowie Vitamine, Mineralien und Spurenelemente. Nüsse gelten als ausgesprochen nährstoffreiche Nahrungsmittel.

EMPFOHLENE WEINE
Trentino Chardonnay bei 10 °C
Frascati superiore (Latium) bei 10 °C

❖

1 Die Nüsse grob hacken und beiseite legen. Den Sellerie putzen, waschen und in möglichst gleichmäßige kleine Würfel schneiden.

2 Den Mozzarella abtropfen lassen, mit Küchenpapier trocken tupfen und ebenfalls klein würfeln.

3 In einer Schüssel Senf und Öl mit einem Holzlöffel verrühren, so dass eine gut gemischte Sauce entsteht. Mit Salz und Pfeffer abschmecken. Sellerie und Mozzarella zugeben und gut mischen. Den Salat auf eine Servierplatte umfüllen und mit den gehackten Walnüssen garniert zu Tisch bringen.

NÜTZLICHE TIPPS
Möchte man den Salat zusätzlich ein wenig anreichern, kann man ebenfalls klein gewürfelten gekochten Schinken untermischen. Statt der Walnüsse kann man Pekannüsse verwenden. Gut zu diesem Salat passt eine Scheibe leicht geröstetes Walnussbrot.

Scorzonera con salsa tonnata

Schwarzwurzeln mit Thunfischsauce

ZUTATEN

für 4 Portionen

700 g Schwarzwurzeln
Essig n. B.
120 g Thunfisch in Öl
1 Eigelb
Salz und Pfeffer n. B.
2 EL Zitronensaft
1 kleine Zwiebel
6 saure Gurken oder Cornichons
1 EL Kapern
2 dl Olivenöl extra vergine

BENÖTIGTE UTENSILIEN

1 Topf
1 Mixer
1 Servierschale

Vorbereitungszeit	15 Min.
Garzeit	20 Min.

EMPFOHLENE WEINE

Aversa Asprinio (Kampanien) bei 10 °C
Alghero Vermentino frizzante (Sardinien) bei 10 °C

❖

1 Die Schwarzwurzeln gründlich schaben, waschen und sofort in eine Schüssel mit Essigwasser legen, damit sie nicht dunkel werden. Die Schwarzwurzeln in Stücke schneiden, in gesalzenem Wasser etwa 20 Minuten lang gar kochen, abgießen und auf eine Servierschale geben.

2 Den Thunfisch gut abtropfen lassen. Das frische Eigelb mit etwas Salz und 1 TL Zitronensaft in den Becher des Standmixers geben. Bei laufendem Motor nach und nach den zerpflückten Thunfisch, die Zwiebel, die Gurken, die Kapern und zuletzt in dünnem Faden das Öl zugeben. Mixen, bis eine dickflüssige glatte Sauce entstanden ist.

3 Nach Geschmack den verbliebenen Zitronensaft und etwas Pfeffer zur Sauce geben. Die Sauce über die Schwarzwurzeln geben und mit Kapern garniert servieren.

WISSENSWERTES

Die Schwarzwurzel gehört zu den Frischgemüsen der kalten Jahreszeit, deren entfernt an Spargel erinnernder Geschmack durch Kälte verbessert wird. Sie enthält neben anderen Mineralstoffen vor allem Kalium sowie Vitamin E und B-Vitamine.

NÜTZLICHE TIPPS

Man kann für diesen Salat fertige Schwarzwurzeln aus der Dose bzw. dem Glas oder aufgetaute tiefgefrorene Schwarzwurzeln verwenden. Wer die Sauce stückiger mag, schneidet die Gurken sehr klein und lässt die Kapern ganz. Man gibt beides erst zum Schluss an die fertige Sauce, für die man statt des Eigelbs und Öls auch eine fertige – ggf. halbfette – Majonäse verwenden kann.

Cuori di spinaci alle noci

Spinatherzen mit Nüssen

ZUTATEN

für 4 Portionen

500 g frischer junger Spinat
100 g Naturjogurt
3 EL Olivenöl extra vergine
1 EL Senf mit ganzen Körnern
Salz und Pfeffer n. B.
20 g Walnusskerne

BENÖTIGTE UTENSILIEN

1 Schüssel
1 Servierplatte

Zubereitungszeit	15 Min.

WISSENSWERTES

Unter den über 100 Sorten Tafelsenf, die heute im Angebot sind, gibt es sehr milde, süßliche bis sehr scharfe Arten. Unter denen, die ganze Senfkörner enthalten, ist auch der dunkle Bordeauxsenf, der mit Weinessig und Estragon hergestellt wird.

EMPFOHLENE WEINE

Colli Amerini rosato (Umbrien) bei 10 °C
Cortese di Gavi (Piemont) bei 10 °C

❖

1 Den Spinat gründlich verlesen, putzen und waschen, damit aller Sand entfernt wird. Abtropfen lassen, mit einem Küchentuch trocken tupfen und auf der Servierplatte verteilen.

2 Den Jogurt in eine Schüssel geben, unter ständigem Rühren das Öl in dünnem Faden einarbeiten, den Senf zugeben und die Sauce mit Salz und Pfeffer abschmecken.

3 Die Walnüsse grob hacken und über den Spinat verteilen. Die Sauce über den Spinat geben und ihn sofort servieren.

NÜTZLICHE TIPPS

Wünscht man eine weniger fette Sauce, so lässt man das Öl weg und nimmt stattdessen Sahnejogurt. Einen Teil der Nüsse kann man pulverfein mahlen und zusammen mit dem Senf in die Sauce einrühren: Sie wird dann etwas sämiger.

Cardi in agrodolce

Karden süßsauer

ZUTATEN

für 4 Portionen

600 g Kardenstängel
(siehe »Wissenswertes«)
Saft von 1 Zitrone
Salz n. B.
1 Knoblauchzehe
1/2 EL Zucker
1/2 EL Rosinen
3 EL Olivenöl extra vergine
1 EL Weißweinessig

BENÖTIGTE UTENSILIEN

1 Topf
1 Schüssel
1 tiefe Servierplatte

Vorbereitungszeit	15 Min.
Garzeit	40 Min.

WISSENSWERTES

Die Karde (Cardy) oder spanische Artischocke ist mit der echten Artischocke verwandt, jedoch höher im Stängel. Man genießt die Herzblätter und die markigen Stängel, die intensiv nach Artischocke schmecken. Sie sind in Deutschland nur selten im Handel.

EMPFOHLENE WEINE

Colli Bolognesi Chardonnay (Emilia-Romagna) bei 10 °C
Montefalco bianco (Umbrien) bei 10 °C

❖

1 Die Stängel der Karden voneinander lösen, das Blattgrün, die hohlen Enden und stacheligen Ränder entfernen. Das Gemüse in kleine Stücke schneiden, waschen und in Wasser legen, das mit Zitronensaft gesäuert ist.

2 Leicht gesalzenes Wasser zum Kochen bringen und die Gemüsestücke etwa 20 Minuten kochen lassen, dann abgießen und die faserige Haut von den Stängeln abziehen. Erneut etwa 20 Minuten in leicht gesalzenem Wasser kochen lassen. Abgießen und warm halten.

3 Den Knoblauch pellen und fein hacken, zusammen mit Zucker und Rosinen in eine kleine Schüssel geben und eine Prise Salz zugeben. Mit dem Öl übergießen, gut durchrühren und anschließend den Essig zufügen.

4 Die Karden auf einer Servierplatte verteilen, die Sauce darüber gießen und alles gut durchmischen. Noch lauwarm zu Tisch bringen.

NÜTZLICHE TIPPS

Statt des Streuzuckers kann man braunen Zucker oder auch Honig verwenden. Der Honig sollte entweder sehr flüssig sein oder im Wasserbad angewärmt werden, damit er flüssig wird und mit den anderen Zutaten gut verrührt werden kann. Die Rosinen sollte man eventuell erst in lauwarmem Wasser quellen lassen.

Insalata di finocchi cotti

Salat von gekochtem Fenchel

ZUTATEN

für 4 Portionen

1 kg Fenchel
Salz und Pfeffer n. B.
Saft von 1/2 Zitrone
1/2 EL Mehl
6 Sardellenfilets
1 Bund Petersilie
2 EL frisch geriebener Parmesan
1 EL Weißweinessig
4 EL Olivenöl extra vergine

BENÖTIGTE UTENSILIEN

1 Topf
1 Schüssel
1 Salatschüssel

Vorbereitungszeit	20 Min.
Garzeit	30 Min.

WISSENSWERTES

Der Fenchel gilt als gutes harntreibendes Mittel. Außerdem soll er krampflösend, schmerzlindernd und beruhigend wirken, weshalb man besonders Kleinkindern gern Tee aus Fenchelsamen verabreicht.

EMPFOHLENE WEINE

Colline di Levanto novello (Ligurien) bei 14 °C
Cacc 'e mmitte di Lucera (Apulien) bei 16 °C

❖

1 Die Fenchelknollen putzen, dabei das feine Grün und – falls erforderlich – die äußeren harten Blätter entfernen. In einem Topf gesalzenes Wasser zum Kochen bringen, Zitronensaft und Mehl zugeben. Die unzerteilten Fenchelknollen hineingeben und etwa 25 Minuten bissfest kochen, dann abgießen, gut abtropfen und auskühlen lassen.

2 In der Zwischenzeit die Sardellenfilets abtupfen, klein schneiden und mit einem Holzlöffel zu einer Paste zerdrücken. Die gewaschene, gehackte Petersilie, den Parmesan sowie eine Prise Salz und Pfeffer aus der Mühle zugeben. Während man die Mischung mit einer Gabel schlägt, den Essig und dann langsam das Öl zugeben, bis eine dicke Sauce entstanden ist.

3 Die inzwischen abgekühlten Fenchelknollen zerteilen und in eine Salatschüssel geben. Die Sauce darüber geben und nach Geschmack mit Petersilie oder fächerartig geschnittenen Radieschen garniert servieren.

NÜTZLICHE TIPPS

Das zarte Fenchelgrün kann man zur Verfeinerung von Gemüsesuppen oder hellen Fischsaucen verwenden. Auch die abgelösten äußeren Blätter kann man in wenig Wasser auskochen und das Wasser an eine Gemüsesuppe geben.

Sedano rapa alla panna
Knollensellerie mit Sahnesauce

Empfohlene Weine
San Martino della Battaglia (Lombardei) bei 10 °C
Colli Berici Cabernet (Venetien) bei 16 °C

❖

1 Den Sellerie schälen, waschen, in feine Stifte schneiden und in kochendem, leicht gesalzenem Wasser 2–3 Minuten blanchieren. Dann abgießen und in eine Schüssel geben.

2 Die Schalotte pellen und fein würfeln, in einer kleinen Pfanne im Maiskeimöl glasig dünsten, die Sahne angießen und ein paar Minuten leise köcheln lassen. Die Sauce vom Herd nehmen, salzen und pfeffern.

3 Die Sauce über den Sellerie geben und gut durchmischen, damit der Sellerie rundum überzogen ist. Den Salat in eine Servierschüssel umfüllen und zu Tisch bringen.

Nützliche Tipps
Dieser Selleriesalat ist eine hervorragende Beilage zu kurz gebratenem Schweinefleisch, zu Würstchen und Braten. Aber auch zu Geflügel wie beispielsweise Puter oder Fasan passt dieser Salat sehr gut.

ZUTATEN
für 4 Portionen

600 g Knollensellerie
1 Schalotte
2 EL Maiskeimöl
250 g süße Sahne
1 Prise weißer Pfeffer
1 Prise Selleriesalz

BENÖTIGTE UTENSILIEN
1 Topf
1 Pfanne
1 Schmortopf
1 Servierplatte

Vorbereitungszeit	15 Min.
Garzeit	8 Min.

WISSENSWERTES
Der Knollensellerie ist etwas süßer im Geschmack und enthält mehr Ballaststoffe als der Stangen- oder Bleichsellerie, dafür hat er einen geringeren Gehalt an Vitamin C. Er ist ideal für eine Abmagerungsdiät, vorausgesetzt, man verwendet nicht zu fette Beilagen.

Insalata calda di broccoli e fagioli

Warmer Brokkolisalat mit weißen Bohnen

ZUTATEN

für 4 Portionen

200 g getrocknete weiße Bohnen
700 g Brokkoli
Salz n. B.
4 EL Olivenöl extra vergine
getrocknete Chilischote n. B.

BENÖTIGTE UTENSILIEN

2 Töpfe
1 Pfanne
1 Servierschüssel

Vorbereitungszeit	15 Min.
Einweichzeit	12 Std.
Garzeit	2 Std.

WISSENSWERTES

Hülsenfrüchte sind gute Eiweißlieferanten und enthalten darüber hinaus Eisen, Thiamin, Riboflavin, Niacin, Kalium, Phosphor Ballaststoffe und Stärke. Sie enthalten hingegen nur wenig gesättigte Fettsäuren und Salz und kein Cholesterin.

EMPFOHLENE WEINE

Capriano del Colle rosso (Lombardei) bei 16 °C
Brindisi rosato (Apulien) bei 10 °C

❖

1 Die Bohnen 12 Stunden (oder über Nacht) in klarem, kaltem Wasser einweichen, dann im Einweichwasser zum Kochen bringen und etwa 2 Stunden lang bei schwacher Hitze garen.

2 In der Zwischenzeit den Brokkoli putzen, waschen und in Stücke schneiden. In reichlich gesalzenem Wasser 15 Minuten bissfest kochen, dann abgießen und beiseite stellen.

3 Das Öl in einer Pfanne erhitzen, dann die abgegossenen Bohnen und den Brokkoli zugeben. Salzen und die getrocknete Chilischote zufügen, durchschwenken und gut heiß werden lassen. In eine Servierschüssel füllen und heiß zu Tisch bringen.

NÜTZLICHE TIPPS

Wer wenig Zeit hat, nimmt bereits vorgekochte weiße Bohnen aus der Dose und aufgetauten tiefgefrorenen Brokkoli. Statt des getrockneten Chilis kann man den besser dosierbaren, fein gemahlenen Cayennepfeffer verwenden.

Cavolfiore con salsa di uova sode

Blumenkohl mit Eiersauce

ZUTATEN

für 4 Portionen

1 Blumenkohl von etwa 1 kg

Salz n. B.

4 Eier

8 Sardellenfilets

1 Knoblauchzehe

20 g Butter

4 EL Olivenöl extra vergine

½ Glas Weißweinessig

1 Bund krause Petersilie

BENÖTIGTE UTENSILIEN

2 Töpfe

1 kleine Pfanne

1 Servierschüssel

Vorbereitungszeit	15 Min.
Garzeit	30 Min.

WISSENSWERTES

Eier enthalten hochwertiges Eiweiß, leicht verdauliches Fett, Kalzium, Eisen und Phosphor sowie die Vitamine A, B_1, B_{12} und D. Der hohe Cholesteringehalt befindet sich lediglich im Eigelb, das Eiweiß enthält kein Cholesterin.

EMPFOHLENE WEINE

Valle d'Aosta Chambave rosso bei 16 °C

Riviera del Garda Bresciano chiaretto (Lombardei) bei 12 °C

❖

1 Den Blumenkohl putzen, waschen, in Röschen teilen und in einem Topf in gesalzenem Wasser 15–20 Minuten garen. Abgießen, gut abtropfen und auskühlen lassen, dann in eine Salatschüssel geben.

2 Die Eier etwa 7–8 Minuten hart kochen, kalt abschrecken, abpellen und klein hacken.

3 Die Sardellen abtupfen und klein schneiden, den Knoblauch pellen. In einer Pfanne Butter und Öl erwärmen, Sardellen und den durch die Presse gedrückten Knoblauch zugeben. Den Essig angießen, heiß werden lassen und nach 2–3 Minuten vom Herd nehmen.

4 Die gehackten Eier über den Blumenkohl streuen und die vorbereitete Sauce darüber gießen. Den Kohl mit Petersilie garniert zu Tisch bringen.

NÜTZLICHE TIPPS

Anstatt die Sauce direkt über den Kohl zu gießen, kann man sie auch in einer kleinen Sauciere extra reichen. Jeder nimmt sich dann bei Tisch, so viel er mag. Wer nur einen Hauch Knoblauch an der Sauce haben möchte, gibt die Zehe unzerteilt hinein und nimmt sie vor dem Servieren wieder heraus. Damit der Blumenkohl beim Garen keinen üblen Geruch entwickelt, gibt man etwas Essig oder Zitronensaft und eine Scheibe Brot in das Kochwasser.

Cardi caldi in insalata

Warmer Kardensalat

ZUTATEN
für 4 Portionen

800 g Kardenstängel (s. S. 72)
2 EL Zitronensaft
1 EL Mehl
Salz und Pfeffer n. B.
3 EL Olivenöl extra vergine
1 Knoblauchzehe
1 Bund Petersilie

BENÖTIGTE UTENSILIEN

1 Schüssel
1 Topf
1 Schmortopf
1 Servierplatte

Vorbereitungszeit	15 Min.
Garzeit	30 Min.

WISSENSWERTES

Karden sind ein sehr wasserhaltiges Gemüse, das quasi im eigenen Saft schmoren kann. Sie enthalten wie die mit ihnen verwandte Artischocke appetitanregende und verdauungsfördernde Substanzen.

EMPFOHLENE WEINE
Verdicchio di Matelica (Marken) bei 10 °C
Cirò bianco (Kalabrien) bei 10 °C

❖

1 Die Stängel der Karden voneinander lösen, das Blattgrün, die hohlen Enden, stacheligen Ränder und harten Fasern entfernen. Das Gemüse in 5–6 cm lange Stücke schneiden und in Wasser legen, das mit 1 EL Zitronensaft gesäuert ist.

2 Das Mehl in einem Topf mit etwas Wasser verrühren, den restlichen Zitronensaft zugeben, dann mit mehr Wasser auffüllen. Etwas Salz zugeben und zum Kochen bringen, die Karden darin 2–3 Minuten blanchieren, dann abgießen.

3 In einem Schmortopf das Öl erhitzen, die abgepellte Knoblauchzehe und die blanchierten Kardenstücke hineingeben, durchrühren, salzen und pfeffern und bei aufgelegtem Deckel etwa 20 Minuten schmoren lassen. Zwischendurch gelegentlich umrühren. Das gegarte Gemüse auf eine Servierplatte geben, mit gehackter Petersilie garniert heiß zu Tisch bringen.

NÜTZLICHE TIPPS

Frische Karden kann man im Gemüsefach des Kühlschranks einige Tage aufbewahren. Sind sie, wie bei diesem Rezept, bereits gekocht, kann man sie ebenfalls einige Tage im Kühlschrank aufbewahren. Man kann sie dann kalt oder schonend aufgewärmt verzehren.

Carciofi e carote in coppa

Artischocken und Karotten im Schälchen

ZUTATEN

für 4 Portionen

4 Artischocken
3 Zitronen
2–3 Gewürznelken
1 Lorbeerblatt
2 Karotten
1 Tasse Majonäse
1 EL Weißweinessig
1 TL Senf
Salz und Pfeffer n. B.
1 Bund Rucola
12 schwarze Oliven

BENÖTIGTE UTENSILIEN

2 Schüsseln
2 Töpfe
Küchenpapier
4 kleine Salatschalen

Vorbereitungszeit	15 Min.
Standzeit	30 Min.
Garzeit	40 Min.

WISSENSWERTES

Die Rauke (Eruca sativa), auch Senfkohl genannt, war einst trotz ihres leicht scharfen, bitteren Geschmacks auch bei uns als Salat und Gemüse beliebt, geriet dann aber in Vergessenheit. Heute erfreut sie sich unter ihrem italienischen Namen Rucola wieder größter Beliebtheit und ist häufig im Angebot.

EMPFOHLENE WEINE

Soave (Venetien) bei 10 °C
Trebbiano di Romagna bei 10 °C

❖

1 Von den Artischocken die holzigen äußeren Blätter entfernen. Von den übrigen Blättern die Spitzen abschneiden. Die Artischocken in Wasser legen, dem der Saft einer Zitrone zugesetzt ist, und 30 Minuten stehen lassen. Dann in einem großen Topf reichlich Wasser aufsetzen, salzen, den restlichen Zitronensaft, Nelken und Lorbeerblatt zugeben. Die Artischocken darin 15–20 Minuten kochen, dann abgießen und auf Küchenpapier abtropfen lassen.

2 Währenddessen in einem anderen Topf die geschabten Karotten bissfest kochen und in nicht zu dünne Scheiben schneiden. Die Artischocken in dünne Scheiben schneiden, dabei holzige Teile und das Heu entfernen.

3 In einer Schüssel die Majonäse mit Essig, Senf, Salz und Pfeffer verrühren, Artischocken und Karotten zugeben, gut mischen und anschließend auf 4 kleine Schalen verteilen. In jede Schale 4 Oliven und etwas streifig geschnittenen Rucola geben. Den Salat mit einer hauchdünn geschnittenen Zitronenscheibe garnieren und auftragen.

NÜTZLICHE TIPPS

Man kann für diesen Salat Artischockenherzen oder -böden aus der Dose oder dem Glas verwenden und in Scheiben geschnittene tiefgefrorene Karotten, die man nur auftaut, aber nicht kocht. Die Sauce kann man durch Zugabe von etwas saurer Sahne oder Jogurt leichter machen.

Fagioli di Spagna piccanti

Pikante weiße Bohnen

ZUTATEN

für 4 Portionen

350 g getrocknete große, weiße Bohnen
1 Knoblauchzehe
1 TL Kreuzkümmelsamen
1 Gewürznelke
Cayennepfeffer n. B.
4 EL Olivenöl extra vergine
Salz n. B.

BENÖTIGTE UTENSILIEN

1 Topf
1 Mörser
1 Schüssel

Vorbereitungszeit	10 Min.
Einweichzeit	12 Std.
Garzeit	2 Std.

WISSENSWERTES

Obwohl der Kreuzkümmel (Cuminium cyminum) mit seinen sichelförmigen Samen dem Kümmel (Carum carvi) sehr ähnlich sieht und die beiden daher oft verwechselt werden, haben sie doch nichts gemein. Kreuzkümmel ist eines der Grundgewürze des Currys, in dem niemals echter Kümmel enthalten ist.

EMPFOHLENE WEINE

Taburno novello (Kampanien) bei 14 °C
Rosso delle Colline Lucchesi (Toskana) bei 16 °C

❖

1 Die Bohnen in einem Topf in reichlich kaltem Wasser 12 Stunden (oder über Nacht) einweichen. Mit frischem Wasser zum Kochen aufsetzen und etwa 2 Stunden knapp gar kochen.

2 In einem Mörser den abgepellten Knoblauch mit dem Kreuzkümmel und der Nelke zu einer Paste zerreiben. Cayennepfeffer und zuletzt das Öl zugeben.

3 Wenn die Bohnen fast gar sind, abgießen und in den Topf zurückschütten. Die Gewürzpaste zugeben, salzen und gut durchrühren. Die Bohnen noch einmal bei milder Hitze auf den Herd setzen und weitere 15 Minuten garen lassen, dabei vorsichtig mit einem Holzlöffel umrühren, damit nichts anbrennt. Die Bohnen heiß oder lauwarm in einer Servierschüssel zu Tisch bringen.

NÜTZLICHE TIPPS

Die Bohnen sind sehr sättigend und kalorienreich. Sie können problemlos zusammen mit einem grünen Salat als kleine Mahlzeit gereicht werden, die man mit etwas Obst oder einem Fruchtsalat abschließt.

Insalata di lenticchie e arance

Linsensalat mit Orangen

ZUTATEN
für 6 Portionen

200 g Linsen
1 Karotte
1 Lorbeerblatt
1 kleine Zwiebel
1 Knoblauchzehe
2 Salbeiblätter
4 Walnüsse
1 Bund Petersilie
2 Orangen
4 EL Olivenöl extra vergine
Salz und Pfeffer n. B.

BENÖTIGTE UTENSILIEN

1 Topf
1 Pfanne
1 Schmortopf
1 Servierschüssel

Vorbereitungszeit	20 Min.
Einweichzeit	12 Std.
Garzeit	ca. 1 Std.

WISSENSWERTES

In manchen Gegenden Italiens sind Linsen das obligatorische Neujahrsessen, da sie mit ihrer kleinen runden Form an kleine Münzen erinnern. Man möchte auf diese Weise seinem Wunsch nach einem Überfluss an Münzen für das ganze Jahr Ausdruck geben.

EMPFOHLENE WEINE

Montepulciano d'Abruzzo Cerasuolo bei 16 °C
Dolcetto d'Acqui (Piemont) bei 16 °C

❖

1 Die Linsen waschen und in einem Topf 12 Stunden (oder über Nacht) einweichen. Sie dann mit frischem Wasser aufsetzen und mit der Karotte, dem Lorbeerblatt, der Zwiebel, dem Knoblauch und dem Salbei etwa 1 Stunde kochen lassen, bis sie gar sind, aber nicht zerfallen. Die Linsen abgießen, die beigefügten Zutaten entnehmen und die Linsen in eine Schüssel geben.

2 Die Walnüsse und die gewaschene Petersilie fein hacken und unter die Linsen mischen. Eine Orange schälen und filetieren, von der anderen den Saft auspressen. Den Orangensaft mit Öl verrühren, Salz und Pfeffer zugeben und über die Linsen gießen. Den Linsensalat gut durchmischen und mit den filetierten Orangen garniert zu Tisch bringen.

NÜTZLICHE TIPPS

Die Kochzeit der Linsen hängt von ihrer Art ab. Große, braune Linsen benötigen entschieden länger als die kleinen, roten, die ohne Einweichen knapp ½ Stunde Kochzeit benötigen, aber für diesen Salat nicht sehr geeignet sind. Kleine, grüne oder Puy-Linsen sind sehr schmackhaft und garen in ungefähr 35 Minuten.

Fagioli alla veneta
Wachtelbohnen auf venezianische Art

EMPFOHLENE WEINE
Bardolino chiaretto (Venetien) bei 12 °C
Morellino di Scansano (Toskana) bei 16 °C

1 Die Bohnen mit klarem Wasser bedeckt 12 Stunden (oder über Nacht) einweichen. Im Einweichwasser etwa 1½ Stunden kochen, bis sie weich sind, aber noch nicht zerfallen.

2 Die Sardellen abspülen, trocken tupfen und klein schneiden. Den Knoblauch pellen, die Petersilie waschen, trocknen und beide zusammen fein hacken.

3 Bei schwacher Hitze Öl in einem Topf heiß werden lassen, Knoblauch und Petersilie zugeben, kurz andünsten, dann die Sardellen zugeben und den Essig angießen. Unter Rühren etwas einköcheln lassen. Die Sauce pfeffern (das Salz sparsam verwenden) und abschmecken.

4 Die Bohnen abgießen und in eine Servierschüssel füllen, die Sauce darüber geben, gut durchmischen und zugedeckt noch 10 Minuten ziehen lassen, dann zu Tisch bringen.

NÜTZLICHE TIPPS
Statt der Wachtelbohnen kann man frische Bohnenkerne verwenden, die eine kürzere Kochzeit haben und nicht erst eingeweicht werden müssen. Alternativ kann man die rötlich gesprenkelten Borlottibohnen oder normale weiße Bohnen nehmen. Verwendet man vorgekochte Bohnen aus der Dose, sollte man sie gut abspülen und abtropfen lassen.

ZUTATEN
für 4 Portionen

500 g Wachtelbohnen
6 Sardellenfilets
2 Knoblauchzehen
1 Bund Petersilie
4 EL Olivenöl extra vergine
1 Glas Weißweinessig
Salz und Pfeffer n. B

BENÖTIGTE UTENSILIEN
2 Töpfe
1 Servierschüssel

Vorbereitungszeit	30 Min.
Einweichzeit	12 Std.
Garzeit	1 Std. 30 Min.

WISSENSWERTES
Neben dem Mais spielten Bohnen bei der Ernährung der indianischen Urbevölkerung Nord- und Mittelamerikas eine ganz wichtige Rolle. Als die Europäer nach Kolumbus in die so genannte Neue Welt kamen, lernten sie diese Nahrungsmittel dort kennen und schätzen.

Insalata del formaggiaio S. 90

Cavolo in salsa agra S. 91

Radicchio alla fontina S. 92

Insalata rossa S. 94

Scorzonera all'acciuga S. 96

Insalata del convento S. 98

Insalata di radicchio S. 100

Insalata di indivia belga S. 102

Insalata di patate S. 103

Insalata con cuori di palma S. 104

Insalata esotica S. 106

Sedano al limone S. 108

Insalata di ceci S. 110

Carote in agro S. 112

Salate für alle Jahreszeiten

Insalata di carote e uvetta S. 114

Insalata di soia S. 115

Insalata di fagioli fantasia S. 116

Insalata di spinaci e carote S. 118

Fagioli al caviale S. 120

Insalata di verdure S. 122

Carote al whisky S. 124

Insalata del formaggiaio

Salat mit Käse

ZUTATEN

für 4 Portionen

1 Kopfsalat
4 Stängel Staudensellerie
80 g Gorgonzola
8 Walnüsse
1 EL Zitronensaft
1 TL Senf
Salz n. B.
Paprikapulver n. B.
3 EL Olivenöl extra vergine

BENÖTIGTE UTENSILIEN

1 kleine Schüssel
1 Salatschüssel

Zubereitungszeit	25 Min.

WISSENSWERTES

Der Gorgonzola leitet seinen Namen von einem gleichnamigen Städtchen in der Lombardei her, wo der würzige Blauschimmelkäse bereits im 12. Jahrhundert hergestellt wurde. Der Legende zufolge geht seine »Erfindung« auf einen Zufall zurück: Ein normaler Weichkäse war »schlecht« geworden, doch, wie sich herausstellte, nun besser im Geschmack als vorher.

EMPFOHLENE WEINE

Roero Arneis (Piemont) bei 10 °C
Colli del Trasimeno bianco (Umbrien) bei 10 °C

❖

1 Den Kopfsalat putzen, waschen, abtropfen lassen, die Blätter in mundgerechte Stücke zupfen und in eine Salatschüssel geben. Den Sellerie waschen, abtrocknen und in kleine Stücke schneiden. Den Gorgonzola würfeln und die Nüsse grob hacken; anschließend alles zum Salat geben.

2 In einer kleinen Schüssel Zitronensaft, Senf, eine Prise Salz und Paprikapulver verrühren. Während man mit einer Gabel oder einem Schneebesen schlägt, das Öl in dünnem Faden in die Sauce laufen lassen, bis sich alle Zutaten gut vermischt haben. Die Sauce über den Salat geben, vorsichtig durchmischen und servieren.

NÜTZLICHE TIPPS

Um dem Salat einen noch würzigeren Geschmack zu verleihen, kann man ihm ein wenig Kresse zufügen – vorzugsweise die besonders schmackhafte Brunnenkresse. Auch Gartenkresse ist gut geeignet.

Cavolo in salsa agra

Kohl in saurer Sauce

Empfohlene Weine
Montuni del Reno (Emilia-Romagna) bei 10 °C
Menfi Inzolia (Sizilien) bei 10 °C

❖

1 Den Kohl putzen, die äußeren harten Blätter entfernen, waschen und dann mit einem scharfen Messer in nicht zu dünne Streifen schneiden. Die Petersilie waschen und fein hacken.

2 In einer Salatschüssel Majonäse, Senf, Zitronensaft und Öl verrühren, bis eine dickliche, glatte Sauce entstanden ist. Mit Salz abschmecken und die Petersilie untermischen.

3 Den Kohl zugeben, mit einem Salatbesteck gut mischen und zu Tisch bringen.

Nützliche Tipps
Man kann für diese sehr einfache Zubereitung sowohl Weißkohl als auch Rotkohl verwenden. Man sollte ihn möglichst rasch verzehren und nicht aufbewahren, also keine zu große Menge auf einmal davon zubereiten.

ZUTATEN

für 4 Portionen

500 g Kopfkohl
(1 kleiner oder 1/2 Kohlkopf)
1 Bund Petersilie
5 EL Majonäse
1 EL Senf
Saft von 1 Zitrone
2 EL Sonnenblumenöl
Salz n. B.

BENÖTIGTE UTENSILIEN

1 Salatschüssel

Zubereitungszeit	15 Min.

WISSENSWERTES

Der Kopfkohl (Brassica oleracea capitata) mit seinen festen, glatten Blättern wurde schon von den Bauern des alten Roms gezüchtet. Es gibt ihn als weiße oder rote Varietät. Aber auch der lockere, krausblättrige Wirsing, der Grünkohl und der Chinakohl gehören in seine Familie.

Radicchio alla fontina e noci

Radicchio mit Fontina und Nüssen

ZUTATEN

für 4 Portionen

400 g Radicchio
150 g Walnüsse
150 g Fontina
2 EL Senf
3 EL Olivenöl extra vergine
Salz n. B.

BENÖTIGTE UTENSILIEN

1 kleine Schüssel
1 Salatschüssel

Zubereitungszeit	20 Min.

EMPFOHLENE WEINE

Bardolino chiaretto (Venetien) bei 14 °C
Valle d'Aosta Gamay bei 10 °C

1 Den Radicchio verlesen, waschen, gut trocken tupfen und in nicht zu feine Streifen schneiden. Die Walnüsse möglichst nur in ihre natürlichen Hälften brechen und zusammen mit dem Radicchio in eine Salatschüssel geben. Den Fontina ohne Rinde in Würfel schneiden und zum Salat geben.

2 In einer kleinen Schüssel Senf und Olivenöl mit einem Holzlöffel zu einer glatten Sauce verrühren, mit Salz abschmecken und über den Salat geben. Gut mischen und servieren.

WISSENSWERTES

Der mildwürzige Fontina ist ein schnittfähiger Kuhmilchkäse aus dem Aostatal, der wegen seines hohen Fettgehalts leicht schmilzt. Er ist deshalb vor allem auch für Käsefondues beliebt.

NÜTZLICHE TIPPS

Der zur Familie der Zichorien gehörende dunkelrote Radicchio sollte einen festen Kopf bilden. Die Walnüsse schmecken frisch am besten. Da die braune Haut oft bitter ist, sollte man sie entfernen. Sie lässt sich leicht abziehen, wenn man die Nüsse kurz mit kochendem Wasser blanchiert.

Insalata rossa

Roter Salat

ZUTATEN

für 4 Portionen

1 Karotte
1 Kopfsalat
3 Orangen, möglichst ungespritzt
60 g Ricotta
Salz n. B.

BENÖTIGTE UTENSILIEN

1 Schüssel
1 Salatschüssel

Zubereitungszeit	30 Min.

WISSENSWERTES

In Italien wird dieser schlichte Salat als »rot« bezeichnet, weil man vorzugsweise Blutorangen aus Spanien dafür verwendet. Da man die Schale mit verzehrt, sollten Sie einer unbehandelten, dünnschaligen, blonden Art den Vorzug geben.

EMPFOHLENE WEINE

Biferno bianco (Molise) bei 10 °C

Riviera Ligure di Ponente Vermentino bei 10 °C

1 Die Karotten schaben oder mit dem Sparschäler schälen, waschen und in feine Scheiben schneiden. Den Salat verlesen und nur das feste, gelbe Herz verwenden. Dieses waschen, trocknen und in mundgerechte Stücke zupfen. Karotte und Salat in eine Salatschüssel geben.

2 Die Orangen heiß abwaschen, abtrocknen, 2 Orangen vierteln und die eventuell vorhandenen Kerne sowie die weißen Innenhäutchen entfernen. Die Viertel mit der Schale in dünne Scheiben schneiden und zum Salat geben. Die dritte Orange auspressen.

3 Den Ricotta mit einem Holzlöffel cremig rühren, dann den Orangensaft zugeben und salzen. Die Creme über den Salat geben, gut mischen und servieren.

NÜTZLICHE TIPPS

Wer die Orangen nicht mit der Schale im Salat haben möchte, schält die Früchte, teilt sie in ihre natürlichen Segmente und schneidet diese in Stücke. Von der Orange, die ausgepresst wird, reibt man zunächst die Schale fein ab und gibt diese dann mit an die Ricottasauce.

Scorzonera all'acciuga

Schwarzwurzeln mit Sardellen

ZUTATEN

für 4 Portionen

500 g Schwarzwurzeln
Salz n. B.
1 EL Zitronensaft
4 Sardellenfilets
4 EL Olivenöl extra vergine
1 EL kleine Kapern
1 EL Weißweinessig

BENÖTIGTE UTENSILIEN

1 Topf
1 kleine Pfanne
1 Servierteller

Vorbereitungszeit	20 Min.
Garzeit	15 Min.

WISSENSWERTES

In alten deutschen Kochbüchern, etwa dem der Henriette Davidis, findet man die Schwarzwurzel noch unter ihrem direkt aus dem Italienischen abgeleiteten Namen »Skorzoneren«. Damit die nur äußerlich schwarzen Wurzeln beim Kochen besonders weiß werden, kocht man sie in einem Wasser-Milch-Gemisch.

EMPFOHLENE WEINE

Isonzo Pinot grigio (Friaul-Julisch Venetien) bei 10 °C
Colli Bolognesi bianco (Emilia-Romagna) bei 10 °C

❖

1 Die Schwarzwurzeln schaben oder mit dem Sparschäler abschälen. Mit dem Wellenmesser in Scheiben oder mit einem Hobel längs in dünne Blätter schneiden. Leicht gesalzenes Wasser mit dem Zitronensaft zum Kochen bringen und die Schwarzwurzeln darin in wenigen Minuten bissfest garen.

2 Die Sardellenfilets abtupfen und klein schneiden. Das Öl in einer kleinen Pfanne erhitzen und die Sardellen zugeben. Unter Rühren mit einem Holzlöffel auch die Kapern hineingeben und den Essig angießen, einmal aufwallen lassen.

3 Die Schwarzwurzeln mit einer Schaumkelle aus dem Wasser nehmen, auf einer Servierplatte dekorativ anrichten, mit der heißen Sauce übergießen und zu Tisch bringen.

NÜTZLICHE TIPPS

Da das Schaben der Schwarzwurzeln keine angenehme Arbeit ist, kann man tiefgefrorene Schwarzwurzeln oder solche aus der Dose oder dem Glas verwenden. Diese kann man allerdings nicht in dünne Blätter schneiden – dafür sind sie zu weich.

Insalata del convento

Klostersalat

ZUTATEN

für 4 Portionen

1 Radicchio
1 Friséesalat
2 Karotten
2 Stängel Staudensellerie
2 Fenchelknollen
4 Radieschen
2 Tomaten
1 rote Paprikaschote
4 kleine Zwiebeln
1 EL Weißweinessig
Salz und Pfeffer n. B.
4 EL Olivenöl extra vergine
2 hart gekochte Eigelb

BENÖTIGTE UTENSILIEN

1 kleine Schüssel
4 kleine Salatschalen

Zubereitungszeit	30 Min.

WISSENSWERTES

Der Friséesalat ist eine ganz besonders krause Art der Endivie. Er hat lockere, grüngelbe Blätter. Wie alle Endivien schmeckt auch dieser aus Frankreich kommende Blattsalat etwas herb.

EMPFOHLENE WEINE

Verdicchio di Matelica (Marken) bei 10 °C
Terlano Silvaner (Trentiner Etschtal) bei 10 °C

1 Sämtliche Salate und Gemüse verlesen, putzen, waschen und je nach Art in Scheiben oder Stücke schneiden, eventuell auch fein raspeln. Von jeder Sorte kleine Portionen dekorativ auf die 4 Salatteller verteilen.

2 Den Essig in eine kleine Schüssel geben, etwas Salz darin auflösen und Pfeffer aus der Mühle zugeben. Während man mit einer Gabel oder einem Schneebesen schlägt, das Öl in dünnem Faden einlaufen lassen und eine homogene Vinaigrette zubereiten. Diese über alle angerichteten Salate träufeln.

3 Die hart gekochten Eigelbe durch die Knoblauchpresse drücken und vorsichtig über die Salate bröseln. Sofort servieren.

NÜTZLICHE TIPPS

Um den Salat etwas anzureichern, kann man zusätzlich winzige Würfel von Mozzarella oder Fontina darüber geben. Anstatt des Essigs kann man Zitronen- oder Limonensaft oder auch den feinen Honigessig verwenden. Auch bei den Gemüsen und Salaten hat man freie Wahl und kann alles verwenden, was sich roh verzehren lässt.

Insalata di radicchio

Radicchiosalat

ZUTATEN

für 4 Portionen

4 feste Köpfe Radicchio

1 EL Weißweinessig

Salz und Pfeffer n. B.

4 EL Olivenöl extra vergine

4 dünne Scheiben Kastenweißbrot

BENÖTIGTE UTENSILIEN

1 Toaster

1 kleine Schüssel

4 Salatteller

Zubereitungszeit	15 Min.

WISSENSWERTES

In Italien unterscheidet man zwischen dem länglichen, ziemlich bitteren Radicchio aus Treviso und dem geschmacklich milderen, runden Radicchio aus Castelfranco. Der längliche wird selten als Salat zubereitet; meist schmort man ihn wie Gemüse.

EMPFOHLENE WEINE

Gambellara (Venetien) bei 10 °C

Bianco dei Colli Amerini (Umbrien) bei 10 °C

❖

1 Den Radicchio putzen, die Köpfe vierteln und den harten, bitteren Strunk ausschneiden. Die Viertel quer in Streifen schneiden und waschen. Auf einem Sieb gut abtropfen lassen.

2 Den Essig in eine Schüssel geben, etwas Salz darin auflösen und Pfeffer aus der Mühle zugeben. Während man mit einer Gabel oder einem Schneebesen schlägt, das Öl in dünnem Faden einlaufen lassen und eine homogene Vinaigrette zubereiten. Den Radicchio hineingeben und gut durchmischen.

3 Das Weißbrot toasten, mit Ausstechern Sterne oder Kreise aus dem Brot herausarbeiten und im Kreis auf Salattellern arrangieren. Den Radicchiosalat in die Mitte geben und servieren.

NÜTZLICHE TIPPS

Man kann das Weißbrot mit etwas Öl bestreichen und mit Knoblauch abreiben. Den Salat selbst kann man mit Emmentaler anreichern, den man in feine Streifen schneidet. Nehmen Sie alternativ fein geschnittenen, mageren, geräucherten rohen Schinken oder geräucherten Speck, den man zusammen mit einer kleinen Zwiebel zunächst in der Pfanne auslässt und dann kross brät. Sofern man diese Specksauce verwendet, lässt man die Vinaigrette weg.

Insalata di indivia belga

Chicoréesalat

ZUTATEN

für 4 Portionen

4 Kolben Chicorée
1 EL Dijonsenf
3 EL Apfelessig
Salz und Pfeffer n. B.
6 EL Olivenöl
2 hart gekochte Eigelb
2 Sardellenfilets
2 EL gehackte Petersilie

BENÖTIGTE UTENSILIEN

1 kleine Schüssel
1 Salatschüssel

Zubereitungszeit	15 Min.

WISSENSWERTES

Für einen Senf allererster Güteklasse werden Senfkörner kalt mit Essig, Wein, Salz und Gewürzen in Steinmühlen zermahlen. Im Anschluss daran kommt diese Maische noch einmal zwischen langsam laufende Reibsteine aus Basaltlava.

Empfohlene Weine

Alghero bianco (Sardinien) bei 10 °C
Gioia del Colle bianco (Apulien) bei 10 °C

❖

1 Die Blätter von den Chicoréekolben lösen, waschen, abtropfen lassen, in Streifen schneiden und in eine Salatschüssel geben.

2 Senf, Essig, Salz und Pfeffer in einer kleinen Schüssel verrühren. Während man mit einer Gabel oder einem Schneebesen schlägt, das Öl in dünnem Faden einlaufen lassen und eine homogene Vinaigrette zubereiten. Über den Chicorée geben und gut durchmischen.

3 Die Eigelbe zerbröseln, die Sardellen klein schneiden und die Petersilie hacken. Alles über den Salat geben und zu Tisch bringen.

Nützliche Tipps

Statt mit Eigelb, Sardelle und Petersilie kann man den Chicorée auch mit einem säuerlichen Apfel, zum Beispiel einem geschälten Boskop, und einer Sauce aus süßer oder saurer Sahne, Jogurt oder Crème fraîche anmachen.

Insalata di patate
Kartoffelsalat

Empfohlene Weine
Colli dell'Etruria Centrale bianco (Toskana) bei 10 °C
Valcalepio bianco (Lombardei) bei 10 °C

❖

1 Die Kartoffeln waschen und in der Schale in reichlich Wasser etwa 20 Minuten lang gar kochen. Währenddessen die Zwiebel pellen und fein hacken.

2 In einer Pfanne ein wenig Öl erhitzen, die Zwiebel hineingeben und glasig dünsten. Essig und Gemüsebrühe angießen, salzen, pfeffern und 5 Minuten köcheln lassen. Die Herdplatte abschalten, aber die Brühe darauf stehen lassen.

3 Wenn die Kartoffeln gar sind, abgießen, pellen und direkt über der Salatschüssel in nicht zu dünne Scheiben schneiden. Die Brühe über die noch warmen Kartoffeln geben und vorsichtig mischen, damit die Scheiben nicht brechen. Ruhen lassen, damit die Kartoffeln die Flüssigkeit aufsaugen können.

4 Die Petersilie hacken und den Schnittlauch in feine Röllchen schneiden. Wenn die Kartoffeln die Flüssigkeit aufgenommen haben, nach Geschmack Öl darüber geben, die Kräuter darüber streuen und den Salat lauwarm oder kalt servieren.

Nützliche Tipps
Damit der Salat gut gelingt, müssen die Kartoffeln frisch gekocht und noch heiß, mindestens aber noch warm sein, wenn man die Flüssigkeit darüber gibt. Verwendet man kalte Pellkartoffeln, sollte man eine Majonäse darüber geben.

ZUTATEN
für 4 Portionen

500 g fest kochende Kartoffeln
1 kleine Zwiebel
Olivenöl extra vergine n. B.
2 EL Weißweinessig
1 Tasse Gemüsebrühe
Salz und Pfeffer n. B.
1 Bund Petersilie
1 Bund Schnittlauch

BENÖTIGTE UTENSILIEN
1 Topf
1 Pfanne
1 Servierplatte

Vorbereitungszeit	15 Min.
Garzeit	25 Min.
Ruhezeit	10–15 Min.

WISSENSWERTES
Fest kochende Kartoffeln haben meist eine längliche Form und eine dünne Schale, die beim Kochen nicht aufspringt. Die Knollen sind ziemlich klein und das Fruchtfleisch ist sehr feinkörnig und feucht. Bekannte Sorten sind Sieglinde, Hansa und Selma.

Insalata mista con cuori di palma

Gemischter Salat mit Palmenherzen

ZUTATEN

für 4 Portionen

1 Römersalat
2 feste Tomaten
200 g Palmenherzen aus der Dose
100 g Roquefort
2 Zweige Basilikum
2 EL Rotweinessig
1 EL Dijonsenf
Salz und Pfeffer n. B.
1 Knoblauchzehe
4 EL Olivenöl extra vergine

BENÖTIGTE UTENSILIEN

1 kleine Schüssel
1 Salatschüssel

Zubereitungszeit	20 Min.

WISSENSWERTES

Bei Palmenherzen oder Palmitos handelt es sich um das essfertig zubereitete Mark junger Palmblätter, das in runde Stangen gepresst und in Dosen eingemacht in den Handel kommt.

EMPFOHLENE WEINE

Valle d'Aosta bianco bei 10 °C
Orvieto classico (Umbrien) bei 10 °C

❖

1 Den Salat putzen, die einzelnen Blätter ablösen, waschen, trocknen und in mundgerechte Stücke zupfen. Die Tomaten waschen, achteln und die Kerne mit dem wässrigen Innenteil entfernen. Die Palmenherzen abtropfen lassen und in Ringe schneiden. Den Roquefort zerbröseln, das Basilikum waschen, die Blätter grob hacken. Alle Zutaten in eine Salatschüssel geben.

2 In einer kleinen Schüssel Essig, Senf, Salz, Pfeffer und den durchgedrückten Knoblauch verrühren. In dünnem Faden das Öl einlaufen lassen und kräftig rühren, bis eine glatte Sauce entstanden ist.

3 Die Sauce über den Salat geben, gut mischen und sofort zu Tisch bringen.

NÜTZLICHE TIPPS

Sollten einige der zarten, elfenbeinfarbenen Palmenherzen übrig bleiben, kann man sie in dem Saft, in dem sie eingemacht waren, oder in frischem Wasser (jedoch nicht in der geöffneten Dose) einige Tage im Kühlschrank aufbewahren. Sie halten sich dort etwa 1 Woche.

Insalata esotica

Exotischer Salat

ZUTATEN

für 4 Portionen

200 g Kartoffeln
Salz n. B.
100 g Karotten
2 Äpfel
80 g entsteinte Trockenpflaumen
1 Knollensellerie
1 Salatgurke
1 Kopfsalat
50 g Majonäse
1/2 Tasse süße Sahne
Saft von 1 Zitrone

BENÖTIGTE UTENSILIEN

2 Töpfe
1 kleine Schüssel
1 Salatschüssel

Vorbereitungszeit	30 Min.
Garzeit	40 Min.

WISSENSWERTES

Schon in der Antike trocknete man fleischige Früchte wie Feigen oder Trauben an der Sonne, um sie lange haltbar zu machen. Da sich die Nährstoffe während des Trocknungsprozesses konzentrieren, sind die Trockenfrüchte süßer als frische Früchte.

EMPFOHLENE WEINE

Oltrepò Pavese Pinot grigio (Lombardei) bei 10 °C
Lambrusco Reggiano (Emilia-Romagna) bei 16 °C

❖

1 Die Kartoffeln schälen, waschen, in grobe Würfel schneiden und in leicht gesalzenem Wasser gar kochen. Gleichzeitig in einem anderen Topf die Karotte kochen und anschließend in Scheiben schneiden.

2 Die Äpfel schälen und ohne Kernhaus würfeln; die Trockenpflaumen in Stücke schneiden. Den Sellerie und die Gurke schälen, die Gurke in Scheiben und den Sellerie in Würfel schneiden. Die Blätter vom Kopfsalat lösen, waschen und mit den größeren Blättern eine Salatschüssel auslegen; die Herzblätter mundgerecht zerzupfen.

3 In einer Schüssel die Majonäse mit Senf, Sahne und Zitronensaft verrühren, mit Salz und Pfeffer abschmecken und alle vorbereiteten Zutaten hineingeben und gut mischen. Den Salat in die ausgelegte Salatschüssel umfüllen und servieren.

NÜTZLICHE TIPPS

Um aus dem Salat eine gehaltvolle Vorspeise zu machen, kann man außerdem 50 g gekochte Pökelzunge und 50 g gekochten Schinken (beides gewürfelt) hinzugeben. Sollten die Trockenpflaumen sehr fest sein oder sogar noch den Stein enthalten, übergießt man sie mit heißem Wasser und lässt sie 30 Minuten quellen.

Sedano con salsa al limone

Staudensellerie mit Zitronensauce

ZUTATEN

für 4 Portionen

1 Staude Bleichsellerie
3 EL Olivenöl extra vergine
1 Knoblauchzehe
1 TL Gemüsebrühe (Instantpulver)
3–4 EL Zitronensaft
1 Bund Petersilie
Salz n. B.

BENÖTIGTE UTENSILIEN

1 Schmortopf
1 Servierschüssel

Vorbereitungszeit	10 Min.
Garzeit	20 Min.

WISSENSWERTES

Um die Stängel des Staudenselleries möglichst blass und damit zarter und feiner im Geschmack zu halten, wird während des Wachsens um die Stiele herum Erde gehäuft. Man nennt diesen langstieligen, fast gelben Sellerie deshalb auch Bleichsellerie.

EMPFOHLENE WEINE

Cortese di Gavi (Piemont) bei 10 °C
Cerveteri bianco (Latium) bei 10 °C

❖

1 Den Sellerie putzen, dabei die Fäden von den Stangen abziehen, waschen und in etwa 6 cm lange Stücke schneiden. Den Schmortopf auf den Herd setzen, das Öl und den abgepellten Knoblauch hineingeben und goldbraun werden lassen, dann den Knoblauch wieder entfernen und den Sellerie hineingeben.

2 Den Sellerie kurz anbraten, dann ein Glas heißes Wasser angießen und das Instantpulver für Gemüsebrühe zugeben. Rühren, damit sich das Pulver löst, den Deckel schließen und den Sellerie 20 Minuten garen lassen.

3 Den Topf vom Herd nehmen, den Zitronensaft über den Sellerie geben, die gewaschene, fein gehackte Petersilie darüber streuen, abschmecken und eventuell nachsalzen. Den Sellerie auf einer Servierplatte warm oder kalt zu Tisch bringen.

NÜTZLICHE TIPPS

Die für diesen Salat nicht mitverwendeten Blätter des Selleries kann man in eine Gemüsesuppe geben. Bereitet man gerade keine zu, backt man die Blätter, gibt ein wenig Gemüsebrühe zu und friert sie in kleinen Portionsgefäßen ein.

Insalata di ceci

Kichererbsensalat

ZUTATEN

für 4 Portionen

300 g gekochte Kichererbsen
1 rote und 1 gelbe Paprikaschote
2 Stangen Lauch
1 Knoblauchzehe
ein paar Stängel Petersilie
200 g Thunfisch in Öl
1 kleine Zwiebel
1 EL Weißweinessig
1 EL Senf
1 EL Kapern
40 g grüne Oliven, entsteint
6 EL Olivenöl extra vergine
trockener Weißwein n. B.
Salz und Pfeffer n. B.

BENÖTIGTE UTENSILIEN

1 Salatschüssel
1 Mixer

Zubereitungszeit	20 Min.

WISSENSWERTES

Als es 1282 in Palermo zum Aufstand gegen die Franzosen (Sizilianische Vesper) kam, stellten die Sizilianer die französische oder italienische Nationalität dadurch fest, dass sie die Menschen das Wort für Kichererbse, »ceci«, aussprechen ließen. Wer es nicht korrekt »tschetschi« aussprach, was ihn als Franzosen entlarvte, wurde getötet.

EMPFOHLENE WEINE

Torgiano bianco (Umbrien) bei 10 °C
Capri bianco (Kampanien) bei 10 °C

❖

1 Die gegarten Kichererbsen abspülen, abtropfen lassen und in die Salatschüssel geben. Die Paprikaschoten waschen, die Kerngehäuse und weißen Innenhäutchen entfernen und das Fruchtfleisch in feine Streifen schneiden. Den Lauch in feinste Ringe schneiden, waschen, abtropfen lassen und beides zu den Kichererbsen geben.

2 Knoblauch und Petersilie zusammen fein hacken und zu den Kichererbsen geben. Den abgetropften Thunfisch mit der fein gewürfelten Zwiebel, mit Essig, Senf, Kapern, Oliven und Öl in den Mixer geben und zu einer glatten Paste verarbeiten. Dabei esslöffelweise Wein zugeben, bis die Sauce die richtige Konsistenz hat.

3 Die Sauce mit Salz und Pfeffer abschmecken, über die Kichererbsen geben, alles gut durchmischen und servieren.

NÜTZLICHE TIPPS

Wenn man vorgekochte Kichererbsen in der Dose kauft, sind sie meist sehr weich gekocht und zerfallen entsprechend leicht. Will man sie selbst kochen, so lässt man sie, wie alle Hülsenfrüchte, zunächst 12 Stunden einweichen und kocht sie dann etwa 2 Stunden.

Carote in agro
Säuerliche Karotten

ZUTATEN
für 4 Portionen

600 g junge, kleine Karotten
2 Knoblauchzehen
einige Stängel Petersilie
einige Blätter Minze
1 Zweig Rosmarin
2 Lorbeerblätter
1/4 l trockener Weißwein
1/4 l Weißweinessig
1 EL Zucker
Salz und Pfeffer n. B.
4 EL Olivenöl extra vergine

BENÖTIGTE UTENSILIEN
1 Topf
1 Schüssel
Frischhaltefolie
1 Servierschale

Vorbereitungszeit	30 Min.
Garzeit	20 Min.
Marinierzeit	24 Std.

WISSENSWERTES
Es war jüdischer Brauch, auf den Boden der Synagogen Minze zu streuen. Die Italiener übernahmen den Brauch und streuten in ihren Kirchen Minze aus, weshalb sie in Italien auch als »erba di Santa Maria« – als Kraut der heiligen Maria – bekannt ist.

EMPFOHLENE WEINE
Frascati novello (Latium) bei 10 °C
Colli di Luni bianco (Ligurien) bei 10 °C

❖

1 Die Karotten schaben und in große Stücke schneiden. Den Knoblauch pellen und die Kräuter waschen. Alles zusammen in einen Topf geben, Wein, Essig, Zucker und 1/2 l Wasser zufügen, salzen und pfeffern und zum Kochen bringen.

2 Die Karotten im Sud bei geschlossenem Deckel etwa 20 Minuten köcheln lassen. Vom Herd nehmen und in der Flüssigkeit abkühlen lassen. Dann mit dem Sud in eine Schüssel umfüllen, Öl zugeben und mit Frischhaltefolie bedeckt 24 Stunden in den Kühlschrank stellen.

3 Zum Servieren die Karotten mit der Schaumkelle aus dem Sud nehmen, auf eine Servierplatte legen, mit Minze oder anderen frischen Kräutern garniert und mit etwas Sud beträufelt zu Tisch bringen.

NÜTZLICHE TIPPS
Auf diese Weise eingelegte Gemüse sind eine delikate Beilage zu Fleischgerichten. Man kann auf diese Weise nach Belieben auch andere Gemüse zubereiten, etwa Zucchini, Paprikaschoten, Teltower Rübchen, kleine Zwiebeln, Blumenkohl, Fenchel und Ähnliches. Im Kühlschrank halten sich die Gemüse mehrere Tage.

Insalata di carote e uvetta

Karottensalat mit Rosinen

ZUTATEN

für 4 Portionen

100 g Rosinen
400 g frische Karotten
Saft von 1 Zitrone
Salz n. B.
½ TL Senfpulver
eine Prise mildes Paprikapulver
3 EL Olivenöl extra vergine

BENÖTIGTE UTENSILIEN

2 Schüsseln
1 Servierplatte
Frischhaltefolie

Vorbereitungszeit	10 Min.
Marinierzeit	2½ Std.

WISSENSWERTES

Karotten, auch Möhren, Mohrrüben, gelbe Rüben oder nur einfach Wurzeln genannt, gehören zu den ersten Nahrungsmitteln des Menschen. Zunächst in der Gegend des heutigen Afghanistan kultiviert, wurden sie schon vor der Zeitenwende als Nutzpflanze in Südeuropa eingeführt.

Empfohlene Weine
Isonzo del Friuli bianco bei 10 °C
Sant'Antimo Chardonnay (Toskana) bei 10 °C

❖

1 Die Rosinen etwa 30 Minuten in lauwarmem Wasser einweichen. Die Karotten waschen, falls nötig schaben, fein raspeln und auf eine Servierschale geben. Die gut abgetropften Rosinen in die Mitte der Karottenraspel geben.

2 Den Zitronensaft mit Salz, Senfpulver und Paprika verrühren. Während man mit einer Gabel oder dem Schneebesen ununterbrochen schlägt, das Öl in dünnem Faden einlaufen lassen und eine gut emulgierte Sauce herstellen.

3 Die Sauce über Karotten und Rosinen träufeln, gut mischen und mit Frischhaltefolie abgedeckt im Kühlschrank 2 Stunden marinieren lassen.

Nützliche Tipps

Man sollte diesen Salat nur mit jungen, zarten Karotten zubereiten, die man nicht schälen oder schaben muss. Die wertvollen Vitamine und Mineralstoffe, die in den rohen Karotten enthalten sind, gehen dadurch nicht verloren.

Insalata di soia
Sojabohnensalat

EMPFOHLENE WEINE
Breganze bianco (Venetien) bei 10 °C
Falerio de Colli Ascolani (Marken) bei 10 °C

❖

1 Die Sojabohnen mit Wasser bedeckt 24 Stunden quellen lassen, dann mit frischem kaltem Wasser aufsetzen und gar kochen (das dauert etwa 3 Stunden). Die gekochten Sojabohnen abgießen, abspülen und in eine Salatschüssel geben.

2 In der Zwischenzeit die Zucchini putzen, waschen und als Ganzes über Dampf bissfest garen; in Scheiben schneiden und zu den Bohnen in die Salatschüssel geben. Die Radieschen waschen, in feine Scheiben schneiden und ebenfalls zugeben.

3 In einer kleinen Schüssel aus Essig, Salz und Olivenöl eine Vinaigrette zubereiten, über die Bohnen geben und gut durchmischen. Den Salat mit Schnittlauch garniert servieren.

NÜTZLICHE TIPPS
Es gibt gelbe, grüne, braune, schwarze und gesprenkelte Sojabohnen. Ist die Zeit zum Kochen knapp, kann man die gelben Sojabohnen im Schnellkochtopf garen. Alternativ nimmt man grüne Bohnen, die nur 6 Stunden Einweichzeit und 45 Minuten Kochzeit benötigen.

ZUTATEN
für 4 Portionen

300 g gelbe Sojabohnen
300 g Zucchini
1 Bund Radieschen
1 EL Apfelessig
3 EL Olivenöl extra vergine
1 EL Schnittlauchröllchen
Salz n. B.

BENÖTIGTE UTENSILIEN
1 Topf
1 Topf mit Dampfeinsatz
1 Salatschüssel
1 kleine Schüssel

Vorbereitungszeit	10 Min.
Einweichzeit	24 Std.
Garzeit etwa	3 Std.

WISSENSWERTES
Die Sojabohne gehört zu den wenigen proteinhaltigen pflanzlichen Nahrungsmitteln, weshalb sie für strenge Vegetarier unverzichtbar ist. Aus Sojabohnen werden viele andere Nahrungsprodukte wie etwa Tofu, Miso, Sojamilch, Sojasauce und Sojamehl hergestellt.

Insalata di fagioli fantasia

Fantasiesalat mit Bohnen

ZUTATEN

für 4 Portionen

200 g getrocknete weiße Bohnen
1 Stängel Staudensellerie
2 Zwiebeln
1 Lorbeerblatt
1 Bund Petersilie
2 EL Olivenöl extra vergine
Salz und Pfeffer n. B.

BENÖTIGTE UTENSILIEN

1 Topf
1 Pfanne
1 Servierplatte

Vorbereitungszeit	15 Min.
Einweichzeit	12 Std.
Garzeit	ca. 2 Std.

WISSENSWERTES

Als der griechische Gott Apoll einst die keusche Nymphe Daphne in eindeutiger Absicht bedrängte, rief sie Göttervater Zeus um Hilfe an; dieser verwandelte sie zu ihrem Schutz in einen Lorbeerbaum. Damit der Lorbeer überhaupt eine geschmackliche Wirkung hat, sollte man frische Lorbeerblätter verwenden.

EMPFOHLENE WEINE

Monferrato bianco (Piemont) bei 10 °C
Colli Bolognesi bianco (Emilia-Romagna) bei 10 °C

❖

1 Die Bohnen in reichlich kaltem Wasser 12 Stunden einweichen, anschließend abgießen und abspülen. Zusammen mit dem Sellerie, 1 gepellten, halbierten Zwiebel und dem Lorbeerblatt in reichlich Wasser etwa 2 Stunden gar kochen, dann auf einem Sieb abgießen.

2 Die zweite Zwiebel pellen, in dünne Ringe schneiden, die Petersilie waschen und fein hacken. Das Öl in eine Pfanne geben, die Zwiebel zufügen und glasig dünsten, aber nicht bräunen. Die gegarten Bohnen zugeben, mit Salz und Pfeffer würzen und heiß werden lassen. Die Bohnen auf die Servierplatte umfüllen, mit Petersilie überstreuen und heiß, lauwarm oder kalt servieren.

NÜTZLICHE TIPPS

Viele Menschen meiden den Genuss von Bohnen, weil sie Blähungen hervorrufen. Wenn Sie dem Kochwasser 1 EL Backpulver oder eine kräftige Prise Ingwer beigeben, wird diese Nebenwirkung etwas reduziert. Die geringste blähende Wirkung haben die kleinen Schwarzaugenbohnen, die auch für den oben beschriebenen Salat gut geeignet sind.

Insalata di spinaci e carote

Spinatsalat mit Karotten

ZUTATEN
für 4 Portionen

400 g junger, frischer Spinat
400 g junge Karotten
1 Tasse Majonäse
Saft von 1 Zitrone
1 Msp. Paprikapulver
1 Kopfsalat
2 hart gekochte Eier

BENÖTIGTE UTENSILIEN

1 Schüssel
1 kleine Schüssel
1 Servierplatte

Zubereitungszeit	20 Min.

WISSENSWERTES

Junger, zarter, glattblättriger Spinat kann problemlos roh verzehrt werden. Die krausblättrige gröbere Variante sollte man blanchiert oder gekocht essen. Spinat enthält viel Vitamin A und C und auch Eisen.

EMPFOHLENE WEINE
Soave (Venetien) bei 10 °C
Orvieto Classico (Umbrien) bei 10 °C

❖

1 Den Spinat verlesen, die dickeren Stängel entfernen und gründlich waschen, damit kein Sand mehr daran hängt. Gut abtropfen lassen, in Streifen schneiden und in eine Schüssel geben.

2 Die Karotten waschen, eventuell schaben und fein raspeln. Zum Spinat geben.

3 In einer kleinen Schüssel die Majonäse mit dem Zitronensaft und dem Paprika verrühren, die Sauce über Spinat und Karotten geben und gut mischen.

4 Mit ein paar gewaschenen Blättern vom Kopfsalat eine Servierplatte auslegen. Die hart gekochten Eier pellen und in Scheiben schneiden. Den Spinatsalat auf die Salatblätter geben, die Eischeiben dazulegen und servieren.

NÜTZLICHE TIPPS

Statt der Majonäse kann man eine fettreduzierte, leichtere Salatcreme verwenden, alternativ auch eine Jogurt- oder Sahnesauce. Etwas zerbröselter Gorgonzola ist eine hervorragende Ergänzung zu diesem Salat.

Fagioli al caviale

Bohnen mit Kaviar

ZUTATEN

für 4 Portionen

200 g getrocknete weiße Bohnen
1 Stängel Staudensellerie
1 Zwiebel
Saft von 1 Zitrone
3 EL Olivenöl
Salz und Pfeffer n. B.
1 kleine Dose Kaviar

Als Garnierung

Zitronenscheiben
Pflücksalat

BENÖTIGTE UTENSILIEN

1 Topf
1 Schüssel
1 kleine Servierschale

Einweichzeit	12 Std.
Vorbereitungszeit	20 Min.
Garzeit	1 Std.

WISSENSWERTES

Kaviar, in Russland »ikra« genannt, ist Fischrogen und kommt als extrem teure Delikatesse auf den Markt. Der großkörnige, schwarze und der graue Beluga sind die kostspieligsten Sorten. Der preiswertere Lachskaviar ist orange bis rot. Der billigste, der kleinkörnige Seehasen-Kaviar, ist tiefschwarz gefärbt.

EMPFOHLENE WEINE

Soave Classico Superiore (Venetien) bei 10 °C
Franciacorta (Lombardei) bei 8 °C

❖

1 Die Bohnen in reichlich kaltem Wasser 12 Stunden einweichen, abgießen und abspülen. Zusammen mit dem Sellerie und der gepellten halbierten Zwiebel in reichlich Wasser gar kochen, dann auf einem Sieb abgießen und abkühlen lassen.

2 Die gekochten Bohnen in eine Schüssel geben, mit Zitronensaft und Öl übergießen, leicht salzen und pfeffern, anschließend gut mischen. Den Kaviar zugeben, nochmals vorsichtig mischen und auf Tellern mit Zitronenscheiben und Salatblättern garniert servieren.

NÜTZLICHE TIPPS

Man sollte für diese Zubereitung einen Kaviar mittlerer Qualität wählen und nicht unbedingt einen Beluga, der mehr als 200 DM je 100 g kostet. Meiden Sie jedoch den schlichten Seehasenrogen. Kaviar sollte niemals eingefroren werden; wird er jedoch bei mehr als 8 °C aufbewahrt, verdirbt er rasch.

Insalata di verdure allo zafferano

Gemüsesalat mit Safran

ZUTATEN

für 4 Portionen

2 junge Karotten
2 Frühkartoffeln
1 Zucchino
100 g grüne Bohnen
100 g Perlzwiebeln
1 EL in feine Röllchen geschnittener Schnittlauch

Für die Sauce

Saft von 1/2 Zitrone
Salz und Pfeffer n. B.
1 kleine Dose Safranpulver
2 EL Olivenöl extra vergine
1 EL fein gehackte Schalotte

BENÖTIGTE UTENSILIEN

1 Topf mit Dampfeinsatz
1 Topf
1 kleine Schüssel
4 Servierteller

Vorbereitungszeit	40 Min.
Garzeit	20 Min.

WISSENSWERTES

Da Safran das teuerste Gewürz ist, wird gerade bei Safranpulver oft minderwertige, mit billigerer Gelbwurz vermischte Ware verkauft. Will man sichergehen, reinen Safran zu bekommen, sollte man Safranfäden kaufen.

EMPFOHLENE WEINE

Lugana (Lombardei) bei 10 °C
Frascati (Latium) bei 10 °C

❖

1 Sämtliche Gemüse putzen und waschen. Falls nötig schälen und im Dampf entweder getrennt oder gemeinsam gar kochen.

2 Für die Sauce den Zitronensaft in eine Schüssel geben. Salz, Pfeffer und Safran zufügen und mit einem Holzlöffel gut durchrühren. Während man ständig rührt, das Öl in dünnem Faden hineinlaufen lassen, bis eine emulgierte Sauce entstanden ist. Die gehackte Schalotte zugeben und zugedeckt stehen lassen, bis die Gemüse gar sind.

3 Die Gemüse klein schneiden, dekorativ auf kleinen Servietellern verteilen, von der Sauce darüber träufeln, mit Schnittlauch garnieren und zu Tisch bringen.

NÜTZLICHE TIPPS

Wer sicherstellen will, dass die Gemüse bissfest gekocht sind, sollte sie einzeln garen, denn Zucchini sind schneller weich als Bohnen oder Kartoffeln. Schnittlauch sollte man immer mit einem scharfen Messer oder einer Schere schneiden und niemals mit dem Wiegemesser oder dem Cutter hacken, denn dabei werden zu viele der scharfen ätherischen Öle freigesetzt.

Carote al whisky

Karotten mit Whisky

ZUTATEN

für 4 Portionen

1 große Zwiebel
400 g Karotten
30 g Butter
2 EL Whisky
2 EL Zucker
Salz n. B.

BENÖTIGTE UTENSILIEN

1 Pfanne mit hohem Rand und Deckel
1 Servierplatte

Vorbereitungszeit	15 Min.
Garzeit	20 Min.

WISSENSWERTES

Der hochprozentige bernsteinfarbene Kornbrand wird in Schottland und Kanada »Whisky«, in den Vereinigten Staaten und Irland jedoch »Whiskey« genannt. Der ursprüngliche Scotch wurde ausschließlich aus gemalzter Gerste hergestellt, für andere Whiskysorten werden auch Mais, Weizen, Roggen oder Hafer verwendet.

Empfohlene Weine
Trento spumante (Trentiner Etschtal) bei 6 °C
Vernaccia di San Gimignano (Toskana) bei 10 °C

❖

1 Die Zwiebel pellen und in feine Ringe schneiden. Die Karotten waschen, eventuell schaben und mit einem Wellenmesser in dünne Scheiben schneiden.

2 Die Butter in einer Pfanne zerlassen, die Zwiebel zugeben und glasig dünsten, aber nicht anbräunen. Die Karotten zugeben und ebenfalls kurz angehen lassen, dann den Whisky, den Zucker, 2–3 EL Wasser und eine Prise Salz zugeben, durchrühren und bei geschlossenem Deckel etwa 15 Minuten schmoren lassen. Zwischendurch gelegentlich umrühren.

3 Die gegarten Gemüse auf einer Servierplatte anrichten und heiß zu Tisch bringen. Eventuell noch etwas Whisky darüber träufeln.

Nützliche Tipps

Damit man das Gericht hübscher präsentieren kann, gart man Zwiebeln und Karotten getrennt, aber genauso wie beschrieben. Man kann für das Gericht auch wellig geschnittene tiefgefrorene Karottenscheiben nehmen, die man vor der Zubereitung auftauen lässt und nur kurz in der Pfanne mit aufwärmt.

Alphabetisches deutsches Rezeptverzeichnis